給青年知識追求者的信

朱敬一 著

Letters to
Young Inquisitive Minds

聯經

朱敬一

推薦序：治學如演戲　瀟灑走一回

朱敬一教授是海內外知名的經濟學家。他的研究興趣廣泛，除了經濟學本身，也涉及法律學和社會學。他做研究，除了個人鑽研，也經常和其他學者、學生合作。他發表文章，國內、國外學刊兼顧。朱教授一直關注台灣未來的人才培育，用不同方式鼓勵年輕朋友發掘自己的興趣，尋找自己的未來。這本書就是他在這方面努力的結晶。我幸有機會先讀為快，感觸良多。

年輕朋友看到有成就學者的文章，就好像看一個好演員在演一齣好戲，一方面很羨慕，一方面也很希望自己也能演得那麼好。但是，他們常感到十分困惑，不知道自己是不是「這塊材料」，也不知道身歷其境時該如何自處。在這本書中，朱敎授帶我們走到後台，讓我們分享做學問的「秘訣」——就他自己入門的經歷，用輕快的筆法，有系統地解答我們想要知道的答案。有了這些答案並不表示你就可以上台演戲，更不能保證你成爲好演員，但是卻很淸楚地告訴大家一條走得通的大道。這條大道要自己去體會、自己去嘗試。入門之後，也就是「上台表演」之後，如何接受考驗、如何再上一層樓，朱敎授也有精采的解剖。因爲從一個演員變成一個好演員，是要懂得如何體會觀衆的反應、如何回應劇評人的評鑒、如何爭取再演出的機會。

成爲一個好學者，路徑很多，也不是每一個人都要成爲學者。

但是，朱教授的路途和經歷，和我個人的路途和經歷十分吻合。我也認爲博而後精、鍥而不捨、樂學而不苦學、獨演合演都好、演十台戲只求一台精采，都是可以共享的原則。而這些原則，其實在人生無論選擇哪一個事業的過程中，都是可以應用的。朋友們，好好分享朱教授提供給大家的「導遊」吧。

林南，二〇〇六年九月十五日於美國・北卡・杜蘭

推薦序：朱門秘笈

朱敬一先生是國際知名的經濟學家，也是台灣學界的傳奇人物。二十九歲得到美國一流大學的博士，四十三歲當選中央研究院院士，是當時年紀最輕的院士，朱先生的學術成就是許多人敬慕的對象，而他在治學之餘勇於參與公共事務，尤其可爲當代知識分子的表率。他應聯經出版公司之邀，爲年輕讀者寫下有關知識探究的十封信，不僅就專業領域發表一家之言，對有志其他學科的研究者——包括我等「不夠年輕」之輩——也深具啓發意義。

社會科學研究位於人文和自然理工學門之間，既需要對現實和想像的人生作出深切關懷，也需要對理性抽象思維，乃至數據實驗，有所訓練。這是一個吃力不討好的領域，但也是一個最能顯現學者志趣的領域。通常我們對社會科學的認知不出法政經濟，但由此延伸的議題早已滲入生化數理，甚至思想歷史等科目。進入社會科學領域者當然各有專業興趣，但如果缺乏跨學科的視野，以及將學問付諸生命實踐的抱負，終究難以成其大。

朱博士根據自己求學治學的經驗，開宗明義就提出「廣博」和「專精」的對話關係。我們的教育環境因為制度使然，往往強調學有所專，方有所長。但過分細密的分工容易造成自以為是、目光短淺的弊病。這不只是作學問的問題，也是作人的問題。西方近世的大師從邊沁、亞當斯密，乃至二十世紀的海耶克，都是兼治法政經社的通才，而他們的氣魄來自寬廣的生命觀照。回顧現代中國，像費孝通、殷海光等人除了本行學問傲人外，他們對民生民心的關懷，才眞正煥發了社會科學學者的本色。

「博」與「精」的互動因此也是「群」與「己」的互動。這是任何學問都該具備的理念，但社會科學既名之爲「社會」，就更是吃緊的要項。當我們視律師爲訟師，法政學者爲政客，或財經專家爲帳房時，其間作學問與作人高下的分野，就不問可知了。據此，朱博士提出了三項讀書觀點，曰「不住相」、曰「胡思亂想」、曰「遍地開花」。

「不住相」典出《金剛經》，意味處處結緣法，不著色相。換句話說，社會學者眼觀四面，觸類旁通，絕不獨沽一味。朱敬一先生專攻經濟學，但是行有餘力，對法律知識、生物定理也有鑽研興趣，久而久之，自然將原有的領域擴及到其他。正因爲是「始料未及」，他才能有出人意表的突破。但「不住相」也必定是「不住想」。破解三百五十年數理懸案「佛馬最後定理」的魏爾斯教授任教普林斯頓大學，多年沒有成績，但他所有的研究、思考早已導向他的大發現——這一路走了二十六年。

「不住想」的過程朱敬一戲稱爲「胡思亂想」，這是針對台灣的制式教育有感而發。事實上，問題意識不是無的放矢，它參照個人的知識範疇，總已有默會心領的方向。但標準答案從無預設的必要，也因此才有了「遍地開花」的可能。芝加哥大學的名教授拉維是當世知名的經濟學者，他的研究向來沒有章法，但在在開出奇花異果：九〇年代的美國城市犯罪率下降竟然和七〇年代的墮胎法有關，教師作弊、相撲選手放水都成爲經濟學供需關係的範例。社會科學學者關注的既然是大千世界，自然應該有敞開心懷的準備。但朱敬一還是要問：萬法歸一，入門者的基本功夫都學得紮實了嗎？

朱門秘笈的下一步是引領讀者認識治學的周邊條件。這些年來台灣的學術圈提倡本土化，面對排山倒海的西學和中學，當然有其必要。但是在知識全球化的浪潮下，我們是否也假「本土」之名畫地自限，而仍然沾沾自喜呢？至於鑽營學科枝節末流，並以此自誇爲天下絕學者，就更等而下之了。除此，一旦進入學術場域，就必須有面對嚴苛的市場檢驗的準備。朱敬一以過來人的經驗告訴我們，學術競爭的標準未必合理，競爭的結果也未必公平。凡此必須當作是智慧投資的一部分，但無論如何，爲學者對自己學問的品質管制，以及因此產生的自信，仍然是最重要的本錢。

朱博士的十封信寫得深入淺出，個人的情性也自然流露其中。

他顯現了作為一個社會科學學者治學之外，最應該有的行動力和好奇心。行動力能讓他在對法律產生興趣後，窮十年之力鑽研法學知識，而好奇心也讓他在百忙之餘，還要旁聽女兒的《易經》課程——也順便對女兒有沒有男朋友略作觀察。從這十封信所旁徵博引的書名人名來看，朱先生的涉獵既廣，論學也的確不拘一格。而在所有耀眼的西學之上，他對史學大師余英時先生的道德文章再三致意，譽為通儒。這樣對文史的理解和敬重，不是一般社會科學學者所能望其項背的。而最令我們驚訝的是在他資深時代青年的外表下，竟然是個修練太極拳多年高手。中西二脈，動靜皆得，這果然是眞人「不住相」，也「不露相了」。是為序。

王德威，二〇〇六年九月二十五日於哈佛大學

推薦序：

這是一本好看的內行書

敬一兄要我爲這本彙集十封信的勸學勵志書講幾句話，本意大概也不是要我長篇大論。因此，我先說一句話：這本書眞好看！

也許你可以先看看他在第四封信中，如何描述芝加哥大學拉維教授（Steven Levitt）的兩個特色研究。他言簡意賅的，三兩筆就把這兩個研究講得興趣盎然，一方面傳達了研究的精要，另一方面其實也反映出敬一兄個人的研究風格，與經常能很快洞悉複雜問題之關鍵所在的功力。

這是一本分享研究過程中的第一手經驗與有趣故事的觀點型書籍。作者是經濟學家，不可避免的在書中多處以經濟學與社會學科爲例，但並未因之局限在這些領域，他更想談的是一般性的知識探索議題，而且還特別標明是寫給年輕人看的。其實，當然不是祇有年輕人讀起來才有心得。

他在書中提及很多有趣的觀察與自身的體驗，如分析學術界的運作邏輯、投稿與退稿經驗、如何弄清自己的興趣與志向等。但其基調很清楚的是：一、不祇要及早起步，成爲回歸古典廣博的通儒，打好跨領域見聞與見識之基礎；更要勇於創新，自己找出並界定問題之所在，進入局中解套。因爲要看清楚前面浪花的形狀，與其在後面跟著看，不如自己躍身成爲其中的一部分。二、同理，不祇要作好本土觀察的努力，契合本土，更要勇敢走向國際。

這樣一本書，讓我很自然的想起另外一本書《給年輕研究者的建議》（*Advice for a Young Investigator*），這是 Ramon y Cajal 在一八九七年以西班牙文所寫而流傳甚久的九講小書。他是西班牙第一位獲得諾貝爾生理醫學獎（一九〇六）的土生土長研究者，也是現代神經科學之父，他在四十五歲正值研究高峰期時寫下了這本書。爲個人到了一定的研究生涯高度之後，再加上對年輕一代不可遏止的熱情與期待，最想寫的大概就是這種書。

學術探索是一棒接一棒的，年輕人要走上這條路，最先要解放自己，輕鬆自在又專心一致，創意與觀點持續泉湧而出，但也要耐得住折磨，完成基本的自我磨練。這本書寫的是前十篇，接下來的十篇，該換你在二、三十年後來寫了。但是你準備好開跑了嗎？

黃榮村，二〇〇六年九月二十日於中國醫藥大學

推薦序：

「我的志向是如此，你呢？」

朱敬一院士是一位傑出的經濟學家，而且因爲兩種特殊機緣，他對人文及科學有廣泛而深入的接觸。第一、在人文及社會科學領域，他多年廣泛涉獵，同時又曾擔任國科會人文及社會科學處處長，在兩年左右的時間，他廣泛地了解人文及社會科學各個學門的特質。套用一句俗話，他不一定吃過每一種豬肉，但知道豬怎樣走路。第二、朱敬一院士發起並負責「時報人文及科學」雙週刊，這個雙週刊一向請專家用深入淺出的筆調，把最新的科學及人文工作介紹給讀者。

在國內，同時兼有上述兩種經驗的人僅此一人，所以我認爲他很有資格寫「十封信」，邀請年輕學子進入知識探索領域。我在拜讀「十封信」的全稿之後，覺得全書最難能可貴之處是坦白、不遮掩、不忌美醜地談論自己在學問世界摸索的過程。加上許多現身說法，教導年輕學人如何進入知識探索領域、如何經營自己的學術事業、如何避開學術叢林的誘惑與陷阱等，充分展現「要把金針度與人」的熱情。我尤其受益於他所舉的許多例子，從中我們可以看到社會科學的研究可以如此貼近日常生活世界；而研究之後所得出的結論，初看令我們如此驚異，最終又覺得相當合理。

這十封信還有一個特質：它事實上是朱院士教年輕人如何讀書、從事知識探索的訣竅。書中有不少警策之見——「獨沾一味或遍地開花」、「解問題或是找問題」、「不計目的地廣泛吸收知識」、「有胡思亂想才有知識創新」……。他也處處鼓勵人們形成自己的問題，鼓勵人們邊學習邊研究，同時也激勵大家勇於踏入陌生領域，勇敢走向國際。

最近十幾年，人文與社會科學相當低落，不只台灣如此，全世界皆然，原因相當多，非此處所能俱論。朱院士在國科會人文處服務時，發起「高中生人文社會科學營」，主要就是想吸引、激勵少年朋友們對人文社會科學的興趣，這「十封信」則是進一步的邀約。朱院士的文筆一向犀利、風趣，帶有一點調皮，很扼要也很吸引人。我在閱讀的時候，時時想著書中的一句話：「我的志向是如此，你呢？」

王汎森，二〇〇六年九月於台北南港中研院史語所

推薦序：

引領踏上知識探索之路

朱敬一院士應聯經出版公司之邀請，寫了給有志於探索知識年輕人的十封信，並要我爲這本書寫一些讀後心得。收到朱院士寄來的初稿，由於十封信的文筆順暢、內容精采、創意十足，就從第一頁一直讀到最後一頁，欲罷不能，實在是引人入勝。這十封信都是從朱院士的個人經驗出發，萃取自其學術研究的心得及後續深刻的反省，故格外具有感染力。我自己從閱讀朱院士求學和學術研究的經驗激發出許多感想，我想這對於年輕學生學術志業的選擇與新進學者的學術生涯發展也會有諸多啓發。

本書的第一封信就指出，選擇從事知識探索的人應該要先廣博再專精，而本書豐富的內容即在體現如此的基本精神。朱院士引述的例子跨越了經濟學、數學、哲學、生物學、法律、佛學、歷史、語言學等領域，措詞深入淺出，論述旁徵博引，讀來津津有味，可見朱院士對於不同領域知識掌握的深度。當一位學者優游於不同學科，擷取這些學科知識菁華，交互激盪，更能天馬行空，啓發出如雨後春筍般的創意，達到朱院士提到研究主題遍地開花的境界。或許因爲我大學時期就讀於生物相關科系，對於書中有關鯨魚停經以經濟學的分工、資訊不對稱等概念加以解釋，更覺得特別新鮮有趣。年老的鯨魚在家庭的分工是照顧小鯨魚，而青壯的鯨魚外出捕獵食物，年老的鯨魚停經不生育，會傳遞一個清楚的資訊給外出捕食的鯨魚，年老的鯨魚因爲沒有生產哺育的小孩，於是會善盡照顧孫子之職責，以得到合理的食物回饋。這是相當有創意的例子，也說明跨領域觸類旁通的重要性。

對於剛進入學術界的年輕研究學者，朱院士給予最重要的建議是，學術研究不能夠圈地自限，研究成果的發表最好能透過廣大的學術社群的討論與評審，如此始能促進學術的進展，並跨出台灣學術社群的邊界。積極與國際學術團體對話是有其重要性，不過如何在國際化與本土化之間取得一個平衡，是值得深入思考的課題。接著下來的信，是朱院士分享他投稿的各式各樣痛苦經驗，讓年輕學者建立一個虛心面對無情評審的態度。這樣一位傑出學者願意自挖瘡疤、承擔書寫過程回憶失敗痛苦的二度傷害，是相當令人佩服的。當我們願意將痛苦的經驗說出來，它的消極效果是治療不愉快的創傷，而積極效果則可以讓我們發展一個開放胸襟的態度，來面對投稿審查的結果，即便是負面的意見，也不會產生憤怒和怨恨，如此正面的健康思維，對於學術審查、學術討論和學術社群的發展是相當重要的。對於在學術界有段時間的我來說，讀到朱院士的經驗，自己也能更坦然看待失敗，回顧過去未被刊出的論文，仍有許多不成熟之處，尚有努力的空間，這是非常有幫助的。或許年輕的研究學者，能夠從朱院士信中陳述的經驗中學習，發展出面對嚴格學術審查的合宜態度。

最後，朱院士提到，尚未入行的有志之士，若能抱持不為特定目的來拚命研究學習的態度，並且能丟棄既有的包袱進行具邏輯性推理思考的能力，就具備從事知識探索的合適條件。另一方面，對於已經入行的研究者，除了虛心面對學術評審外，還要能夠拒絕外界的誘惑。社會各階層對於學術研究者有不同的期待，學者要從事學校或研究機構的工作，最基本的要求在於自己的專業長期投入並累積紮實的成果，才可以短期參與應用的或非學術的工作。

從我自己的閱讀心得來看，這十封信對一位稍有年資的研究者仍然是很有助益的，它讓我重新思考自己過去的學術歷程出現什麼問題、未來可以有如何的改進，我相信年輕的學生和新進的研究者，同樣可以從這本書得到自己在知識探索生涯選擇上的中肯建議，進而更紮實、穩定地在學術這條路上前進。

陳東升，二〇〇六年九月二十日於和平東路科技大樓

作者序

年輕學子在初入社會之際，總是徬徨無助的。記得自己十八歲大專聯考時，志願卡其實是胡亂塡寫；當時只知把前一年的聯考錄取分數依序排列，自己就依樣畫葫蘆，幾乎完全比照辦理。當初我念的是商學系，但是說實在的，十八歲的時候根本弄不清楚商學、經濟、財稅有什麼不同，更不了解政治、法律、心理、社會、人類學等學門各是在念些什麼。自己進入經濟學這個領域，確實是「因誤解而結合」。

不僅念大學科系是懵懵懂懂的，連我出國念博士、回國做學術研究，都是偶然的因緣。大專聯考選塡的志願是「社會科學」類組，其實我當時不了解什麼是「社會」、什麼是「科學」、什麼又是「社會科學」。博士學位念的是經濟學，但坦白說，一直到三十幾歲，我才眞正理解經濟學與其他學門之間的關係。我三十歲起在台大與中研院教書、做研究。然而究竟什麼是研究？知識探索究竟要經歷些什麼過程？研究者究竟在追求什麼？這些問題也是幾經折騰，才理出個頭緒。如果我自己要花這麼長的時間才能領悟箇中道理，別人是不是也可能有類似的迷惘呢？年輕人如果因爲迷惘而有扭曲的認知，或是做出錯誤的決定，不是很可惜嗎？

聯經出版公司爲了讓年輕人少走冤枉路，乃推出一系列「十封信」的短書，爲可能要踏入各個領域的年輕朋友，做相關的介紹。

林載爵先生讓我負責「知識探索」這一區塊，乃寫成此書。本書的前七封信，是寫給所有可能對知識探索有興趣的讀者的，包括高中生與大學生。至於第八封信則較爲深入，是爲已經或將要從事學術研究者寫的。前七封信刻畫科學、人文與社會科學知識的醞釀背景、推演過程，並描述其圓融貫通的典範。第八封信向讀者介紹投入學術研究將會面對的環境，讓可能要投入知識探索者有些心理準備。九、十兩封信則是總結，並提出若干客觀的環境誘惑與主觀的「性向」描述，由讀者自我檢視其是否適合踏入此途。雖然設想的閱讀對象涵括各個領域的知識探索者，但是由於自己只在經濟、法律、哲學、演化生物學方面略有涉獵，若干實例背景則稍微側重這些領域，希望不至於妨礙讀者的閱讀。

許多人視寫書爲畏途，但我卻不然。如果自己心裡已有待寫的題材，則文思泉湧，下筆也就沒有那麼掙扎。如果所記所述能對讀者有些幫助，則心中又有幾分「自度度他」的喜悅，揮灑更是心情愉快。以往，林載爵先生總是要飯酒相誘，才能徵得書稿。這一回，他以酒催稿依舊殷勤，殊不知是正中本人下懷也。

朱敬一，二〇〇六年十月於台北南港中研院經濟所

給青年知識追求者的信
目次

第一封信

先廣博而後專精

在台灣或者中國大陸受教育的華人，可能多多少少都受到「書中自有黃金屋，書中自有顏如玉」這種傳統觀念的影響，對於子女的「教育」極爲重視。爲了讓自己的孩子將來能夠出人頭地，父母親往往不顧子女的性向與學業表現，而以「升學」總括對孩子的期望。這裡所謂的升學，不只是初中升高中、高中升大學的進階，而是將教育的內涵更加窄化，拚命往「好學校」去擠。一般而言，父母親希望孩子考一般高中而非高職，入一般大學而非技術學院。不只如此，對台灣的家庭而言，子女進一般高中最好是能考上建中、北一女、南一中、雄中；進一般大學最好是能進台、清、交、成等國立大學。對中國大陸的家庭而言，父母當然也希望子女能進省中，大學能考上北大、清大、浙大、南京大學等名校。

正是在父母親這種窄化的升學導向期望下，台灣與中國大陸的學童在初中與高中階段都面臨著極大的升學壓力與教育扭曲。即使學校與老師明知要德智體群美五育並重，但在學生家長的殷殷期盼下，幾乎所有的教育重心都在「智育」。因材施教、因勢利導等教育理想早已消失；取而代之的則是不斷強化的填鴨補習、不斷重複的測驗考試。更嚴重的則是將體、群、美等均衡課程，全挪作智育填塞之用。此外，由於大學各科系招生錄取的科目重點不同，這些考試科目更回過頭來影響高中的教學內涵。大學打算要念理工科系的，從高二起就已經不碰史、地、公民；大學打算要念文史的，自高二起即放棄理、化。這種在高中階段即行專業分流的教育現實，確實對將來大學生或從事研究者的知識背景產生極爲不利的影響。年輕的研究者對於這樣的弱點可能不易察覺，我也沒有辦法向讀者「證明」前述的教育現實與知識背景之間的因果關係，但是許多教育學者的觀察與研究顯示，這樣的因果關聯確實是存在的。

相對於台灣與中國大陸的情況，最鮮明的對比也許就是美國的教育。美國大部分的大專院校，其大一與大二是「不分系」的。學生入學之後，通常要修習相當多的通識教育（general education）學分，接受人文社會、自然科學、生命科學三大領域的廣泛薰陶，先讓學生在大一、大二對各個學門有一般性的了解，到了大三再決定要往那個領域發展。這種學門專長延後分流的教育制度，與前述台灣在高中就強制提早分流的作法相當不同。

前述三大領域大致將人類現在的基礎知識做了相當合理的分割。至於工程、法律、醫學、管理，則爲三大基礎領域的應用，可以視爲專業的（professional）訓練；美國許多大學將法律、醫學、管理等學門放在研究所階段而非大學階段。三大領域中自然科學包括物理、化學、數學等，生命科學包括細胞、演化、動植物、解剖等，至於人文社會學門，有的學者又將它再細分爲人文學（humanity）與社會科學（social science）兩個部分，文、哲、史屬於人文學，而經濟學、政治學、社會學、心理學等各是屬於社會科學的一支。美國許多大學的通識教育，都要求每個大學生必須在自然、生命、人文社會領域各修若干最低學分，待學生對各學門有粗略而全面的了解後，在大三再決定其專精領域。在以下幾段，我要花些篇幅解釋社會科學的內涵，並由此連結對人文與科學的認識。

像數學、物理、化學、解剖、細胞學等自然或生命科學的知識，都是要去了解、分析一些客觀的、不直接涉及「人」的、不太有「見仁見智」空間的絕對知識。大致而言，與「人」有關的知識，都放在前述「人文與社會學門」這一大塊之內。像文學、音樂、繪畫等人文知識，都牽涉到人的感情；它們顯然不容易有什麼客觀、絕對的判斷，（畢卡索與莫內誰畫的好？蘇東坡與韓愈誰寫的文章好？）但這「多元性」也正是人文知識的特色之一。畢卡索是一位好的藝術家，部分原因是因爲他的作品自成一格，與任何其他當代或歷史上的畫作風格皆有不同。蘇東坡的散文與詞曲都膾炙人口，也是因爲其作品流露出別的作家所沒有的特色。簡言之，自然與生命科學企圖在一個不太受主觀因素干擾的情境下，尋究絕對的眞理，但是人文則是在主觀領會與主觀抒發中，體會或表達自身的感受。若我們將這些領會與抒發的作品加以解析、詮釋、比較、批評，這些詮釋比較就是所謂的人文學。大致而言，文學、歷史、人類學、語言學、哲學等都是人文學的範疇。

至於社會學門，則是介於「科學」與「人文學」之間；舉凡經濟、社會、政治、教育、心理學皆屬之。社會學門的觀察與分析對象都是社會，是「人」的組成，因此其知識的基礎當然有豐富的人文內涵。舉例而言，你若不仔細觀察台灣社會，怎麼可能理解台灣政治運作的邏輯？你若不了解美國百餘年前蓄黑奴的歷史，怎麼去體會他們社會裡的種族問題與平權運動？你若不是身歷其境的經過幾次聯考的折磨，怎麼能掌握台灣教育問題的癥結？你若不清楚二次大戰後國民政府接收在台日本企業的歷史，又怎能理解戰後台灣龐大的國營事業？總之，政治、社會、教育、經濟的理論與觀察都是來自於社會、來自於「人」；這是社會學門與「人文」的自然銜接。

但是社會學門也有一些科學面向：在人群社會的花花世界中，社會學門仍然企圖尋找一些法則、邏輯、規律。由於人的思考與互動都非常複雜，因此社會學門所尋找的規律法則，都不可能像自然或生命科學那樣絕對。舉例而言，社會學家說華人社會有「重男輕女」的傾向、經濟學家說「競爭會增進效率」、政治學家說「三權分立制衡，權力才不會腐化」，這些都是人類社會的一些法則。這些法則雖然不像牛頓力學那樣精確，不同的時、地都存在若干例外，但是一般而言，這些社會學門的論述都刻畫了若干大數法則，是一種「通常會成立」的規律。由以上的說明可知，社會學門大約是在人文與科學之間：一方面奠基於人文社會的特殊觀察，另一方面又企圖建立有如自然科學一般的法則。有些人特別強調社會運作的法則與規律，而將社會學門稱爲「社會科學」。在以下的討論中，我們暫時將「社會學門」與「社會科學」視爲同義詞，不去理會其中的差異。

什麼樣的人格特質容易產生好的人文創作呢？又是什麼樣的人格特質會是好的科學家呢？我沒有與誰討論過這個話題，但是以下的猜測大概會得到不少讀者的共鳴。大致來說，對人類社會有細膩觀察、敏感體驗的人，比較能夠創作出好的人文作品；而對於邏輯推理縝密嚴謹的人，比較容易成爲好的科學家。如果我們同意「社會學門介於人文與科學之間」，那麼我們的推論似乎就是：要成爲好的社會學門研究者，你既要有敏感的人文觀察，又要有嚴謹的邏輯推理。這樣的要求聽起來有點恐怖，好像要探究社會科學知識，得有超人的稟賦一般，其實並非如此。前論所謂觀察細膩或邏輯嚴謹，都是相對於同儕的概念。如果甲的觀察不如乙敏感、邏輯不如丙嚴密，但是說不定乙像是鐘樓怪人那樣多愁善感，而丙卻像科學怪人那樣死板僵硬，綜合而言，也許丙會是好的科學家、乙會是好的人文創作者，而甲比乙或丙都適合探索社會學門的知識。

寫到這裡，也許讀者就能理解，為什麼社會學門的研究要特別強調不分流教育與通識教育了。社會學門的知識探索一方面需要對社會的敏感體驗，另一方面也需要嚴謹的邏輯推理，我們當然希望投入此道的人能夠兼具這兩方面的素養。簡言之，在人文、社會、科學三大領域而言，最需要通識教育素養與背景的，大概就是社會學門。如果你純從科學的角度解析社會，那麼你的觀察難免乾澀而枯燥，縱有嚴密的推理作為後盾，但是整個主題的掌握卻不能切中社會主脈，也許分析了半天，只是個不著邊際、沒有社會共鳴的無關題材。如果你純從人文的角度觀察社會，很可能感觸深刻雜亂，滂沱氾濫卻難以具體刻畫，旁人難以在你的所言所述中尋得共鳴。研習社會學門的人最好能夠兼顧人文涵養與科學訓練，庶幾在知識的形成與表達兩方面，能夠執兩用中。但即使要邁進人文或科學的知識探索之路，通識教育也是極爲重要的。

從更深一層的角度來看，通識教育不但著重自然、生命、人文社會等大領域之間的廣闊涵蓋，也進一步希望在人文領域、社會領域之內，學習者能夠有圓融貫穿的體會。中國的史學鼻祖司馬遷，期望自己能夠「究天人之際、通古今之變、成一家之言」。究天人之際是哲、通古今之變是史、成一家之言是文，司馬遷希望哲史文面面涵蓋，可見在中國古代的學問世界，這三大領域是相容相通的。如果我們看看十八、九世紀的西方社會，諸如邊沁（J. Bentham）、亞當斯密（A. Smith）、彌爾（J. S. Mill），甚至二十世紀的海耶克（F. A. Hayek），也都是法政、經社樣樣通達。可是到晚近數十年，法政經社的學門越切越細，也使得各個領域的「內行人」日益減少，「門外漢」逐漸增加。就法學而言，其中又細分成民法、刑法、憲法、行政法等許許多多子領域，法律變成大專業之下的小專業，幾乎成爲一般人民遙不可及的知識領域。經濟學則細分爲財政、產業、國貿、金融、計量、勞動、人口、貨幣等雜多領域。有些狹小領域的研究者動輒責怪別人撈過界，好像各個領域之間該「雞犬相聞，老死不相往來」一樣。也有些學者終其一生只在小小一塊領域內耕耘，足不出戶，也是閉塞到不可思議。

爲什麼現代的社會學門學習研究者只能在小領域內閉關自守，而十八世紀的諸多大師卻能如此包山包海的樣樣研究呢？這多少是受到最近幾百年科學方法論的影響。如前所述，科學是分析客觀的、不太有見仁見智空間的絕對知識；這些客觀的研究主題，當然也比較可能切割劃分。知識探索者投入切割細分的題材，久而久之自然就容易專注深入，視野也就比較集中，「專業」的特色也日益凸顯。社會科學引進了科學方法論，難免也會出現閉關自守的狹窄化傾向。

其實，政治、經濟、社會等社會科學子領域，都是十九世紀以後才出現的學門分類。在亞當斯密、邊沁的年代，政、經、法、社原本就是渾然一體的知識架構。通識教育的目的之一，就是要引介這種「通博」的知識架構，讓大學生先有廣闊開放的視野，然後才進入個別專精的領域。以下，我們就大略解說兩百年前社會學門渾然一體的「太極」知識。各位今天所讀到的政治、經濟等專業知識，都是太極所演變出來的兩儀、四象、八卦而已。

在人類歷史上，人的聚合形式都是由散居、市集、部落逐漸發展成小型城邦。散居人民的活動限制極小，但由於他們分工不細密、交換不普及，也難以提升經濟生活的水準。在大小城邦形成之後，分工日趨細密，人與人之間的交易日漸頻繁，有規模的社會結構逐漸浮現，而對於日常生活中種種交易「秩序」的需求也隨之增加。爲了規範秩序，人們訂下了何者可行、何者禁止的規範協議，並約定違反協議的後果，這就是「法律」的濫觴。

很顯然的，聚居的人民並不是爲了遵守規範而制定規範。各種規範應該都只是手段；方便交易、提升福祉才是目的。雖然規範秩序的目的是爲了提升大家的福祉，但是對人民權益侵害最大的，往往卻是規範的制定者與執行者。獨立宣言、權利法案（*the Bill of Rights*）、人權宣言雖然楬櫫的是追求自由、平等的積極權利，但其實它所被動對抗的，卻都是專制、獨裁、暴君、酷吏。簡言之，人民追求自由福祉的歷程與其所創造的制度，往往到頭來反而形成對他們自由福祉的重大傷害。

在十五、六世紀之後，許多爭取民權的人大概都面臨無所不在的極權者，而極權者則對人民形成無所不用其極的干擾。人民當然了解邦國存在的必要與其維繫秩序之必須，因此民權爭取的重點，就是要找到「人」與「國」之間的分界線。界線釐清了，則橋歸橋、路歸路，或許就能夠把「該給邦國的給邦國、該給人民的給人民」。這人、國界線的釐清，就是法律與政治概念的緣起。

實際生活中，大概沒有多少事可以做出這樣清楚的黑、白二分；絕大多數的情形都是在灰色地帶。例如：言論自由在所有國家都受到誹謗規範的約制；在有死刑的國家生命權也會遭到剝奪。服兵役、受教育雖然常被稱做是國民的義務，但它們在歷史上也受到多起「宗教自由能否對抗兵役義務，或對抗國家教育權」的挑戰。

十八世紀西方的許多思想家、哲學家都在努力尋求個人與國家、己與群之間的適當分際。他們理解，爲了維護秩序、提升福祉，國家公權力的設計固然不可避免，但是掌權者師心自用之危害，也必須要有制度性的預防。所謂制度性的預防包括兩個面向，一是設計一套權力更替的機制（例如定期選舉、政黨政治），以公平的方式阻絕特定人持續地獲取、掌握權力；二是規劃權力的切割與分散（例如三權分立、上下議會），讓國家權力的執行有某種內部制衡。這些政治理論與政治制度的設計，都是爲了約束國家權力，化解人／國之間的潛在衝突。

前引「人／國」分際的知識體系，也是一種「個體／總體」互動的知識體系。有些哲學家專注於財產取得與交易的個體行爲，乃將前述的「總體」環境想像爲「市場」，進而探討個人交易與市場規範之間的互動，這就是經濟學的濫觴。經濟學家分析人在市場中的角色、市場對人們決策的影響、國家何時該介入市場等等。也有些人分析總體社會中若干隱然成形的規律與風氣，諸如宗教、階級、社會壓力等，說明這些規律的形成因素與可能影響，漸漸就發展出社會學的領域。總之，所有的社會學門，都在分析人類社會中個體經驗與總體環境的互動；這是古典社會知識的大背景。

其實，不只社會學門的知識可以在前述個體／總體的綜觀涵蓋下串聯圓通，即使人文學、科學與社會學門之間，也不是全無交集。人類學者凱布蘭（H. Kaplan）研究數千年前採集狩獵社會的運作形態，也赫然發現許多原始社會的交易邏輯，與現代經濟的法則若合符節。羅爾斯（J. Rawls）研究政治哲學，他認爲道德倫理的抽象規範最好能與人民情感的實際認知圓融互通（coherent）。

政治哲學家一方面以實際認知歸納倫理規範，另一方面再以倫理規範檢證實際認知。當抽象倫理與實際認知圓融互通時，倫理規範始能穩定。這樣的哲學方法論，其實充滿了科學檢證的味道。生物學家凱瑞（J. Carey）研究生物學，他發現許多長壽的哺乳類（如海豚、猩猩、鯨魚），都在家族之中進行跨代分工——當母親出去打獵時，祖母則在家照顧幼小，像極了人類社會的分工法則，可見生物行爲中似乎也有經濟學的影子。以上所舉的這些哲學或生物學知識看似雜亂而不相干，但卻又隱隱然有些其他學門的體驗。試想，如果我們通識教育的訓練不夠扎實，我們怎麼可能從容進入這樣的花花知識世界呢?通識教育之功用，大矣哉！

如前所述，華人社會的孩子在成長階段分流過早，通識訓練大都不足。此外，中學生過早專注於升學考試與補習，也使得大家對於考試以外的知識與現象變得極不敏感，不但對課外讀物甚少接觸，對於各種日常現象也鮮有開放性的觀察與思考訓練。久而久之，華人社會所成長的子女，相對於歐美國家而言，確實少了些思考創意。雖然沒有證據，但我認爲這是今日各個領域學術發展不盡理想的原因之一。

最近，國內常有人以「律師性格」去描述尖銳、好辯，卻又缺乏內涵的政客，這可能也與我們的教育制度有關。我們的法律系放在大學部，課業繁重，許多學生都以考律師、司法官爲職志，很早就一頭栽進民法、刑法、債權物權的狹小框架，法律以外的知識吸收甚少，知識根基單薄。但是美國的法學訓練是學士後的；因此在大學階段，能對所有學生施予充實的通識教育。故所有的律師必須先經歷大學四年的廣博課程，在知識內涵上，也就有更爲充實的基

礎。

如果你自己也覺得知識不夠廣闊怎麼辦呢?亡羊補牢是唯一的方法。在下一封信裡，我想向各位描述自己「三十歲以後」的讀書經驗，讀者可以觀察我這隻歧路迷羊的經驗，做爲自己將來發展的參考。

第二封信

「不住相」讀書

在上一封信裡，我向各位介紹了人文社會與自然生命科學在本質上的不同，前者著重敏銳的人性觀察，也容許觀察者的個別發揮；而後者則著重嚴謹的客觀推理，希望能建立一般性的規律法則。接下來在這一封信裡，我們則要解說人文社會與自然生命科學知識孕育過程的不同。我們先從一個科學的例子說起，比較能夠掌握問題的癥結。

在一九九四年有位數學家，叫做魏爾斯（Andrew Wiles），是普林斯頓大學教授，他解了一個三百五十多年未曾破解的著名數學難題佛馬最後定理（Fermat's Last Theorem）。佛馬是法國數學家，他最後的一個推論就是：$X^n+Y^n=Z^n$，如果 n 是大於 2，則（X,Y,Z）沒有正整數解。後來有位記者訪問魏爾斯，寫了一本書，這本書台灣有翻譯。書中魏爾斯自己描述，他一生是如何走到發表證明成果的那天：他說他十歲的時候，有一次在沙灘玩，隔壁家的小孩有本數學童書，書中有一個題目就是佛馬的推論。他十歲的時候看了這個題目，就已經立志要去解這個題目。他念高中、大學，一路上就是修習數學，到處請問人家相關的問題；人家跟他講一個方向，他就去修那個課，去鑽研那個方向，一路走了二十六年。在發表佛馬最後定理的證明時他三十六歲，發表的當時他上了紐約時報頭版頭條。數學論文的發表可以上紐約時報頭版頭條，這幾乎是空前絕後的事情，可見其重要性。他鑽研這個領域達二十六年，所以若找他來講「學思歷程」是很容易講的，因爲他的一生就是這一條直線，彎都不必轉，頭都不必回。

他也有很多很有意思的故事。普林斯頓大學新進教師在過了六年之後，會審核學者是否能拿到長聘，他爲了要通過這個審核，就很努力的做研究，六年之後他就拿到普林斯頓大學數學系的長聘，非常不容易。普林斯頓大概是美國數學排名最好的大學，他長聘審核通過之後就專心繼續回頭做佛馬的推論，一般的研究就不做了。就表面上看，他的研究成果空白了好一段時間，系上就有人覺得這傢伙眞懶，通過長聘審核之後開始摸魚，一篇文章都不寫，眞不是個東西……。事實上他偷偷地在做。爲什麼要偷偷的做呢？因爲這是個三百多年的大題目，他不能夠跟別人分享。假設你要走一公里路，先前九百九十九公尺你都是領先，就在最後一步，出現一個聰明的人，他比你更厲害，一步就超越你，那前面九百九十九公尺都白走了；佛馬最後定理就不是你證明的，是另外一個傢伙證明的。因此他要一路保密，保密到九百九十九公尺，等到最後一公尺走完他才開記者會發表。

你看這個人不覺得很有意思嗎？二十六年來就拚命做一件事情，爲了做這件事情，他就這樣一路走、一路走，碰到難題他就解決，他沒有別的目標。其實有許多科學的問題大概都是這種治學過程。但是人文與社會科學就不太一樣，接下來就介紹他們爲什麼不一樣。

人文社會知識累積的過程與科學之不同，用「語言學習」做例子，即可清楚說明。我們學習語言有兩種模式，一種模式是用文法學習。國中英文老師教我們：「This is a dog.」，This 是主詞，is是動詞，dog是名詞，然後把它拼起來成爲句型「This is a dog.」，這是文法學習法。還有一種是嬰兒學習法。沒有一個爸爸媽媽教小孩子語言是教他辨識This 主詞、is 是動詞、dog 是什麼詞。小孩子學語言唯一的模式就是一天到晚聽爸爸媽媽講話；他爸爸媽媽講了成千上萬的句子，每一個句子都輸入耳朵，記憶在他的腦袋裡面，他偶爾就會蹦出來一個句子，爸爸媽媽會修正這些蹦出來的句子：「不對、不對，不是爸爸咬狗，是狗咬爸爸」，他就知道了。父母也沒有教他狗是主詞，爸爸是受詞，沒有一個爸媽是這樣教的。父母只是說：「不對」，小孩就在自己腦袋裡修正。所有的文法學習法都是公式化、抽象化的；所有的嬰兒學習法都是非抽象的，也沒有公式的，都是在自己的腦袋裡胡亂組合的。

大致說來，自然和生命科學的學習過程就像是有公式的文法學習法，人文社會科學的學習，就像是沒有公式的嬰兒學習法。而嬰兒要怎麼學呢?嬰兒對於爸爸媽媽念過的雜七雜八的東西，他不是爲了特定的功能或目的在吸收。他偶爾會犯錯，外界就給他糾正，但是沒有一個抽象的公式讓他依樣畫葫蘆地去學。在台灣，一位大學生的英文前前後後念了八、九年，但他們花了這麼多時間用文法學習法學的英文，可能比不上一個英國人、美國人用嬰兒學習法學三年。我們犯的文法錯誤，可能比一個四、五歲的美國小孩、英國小孩還要多，所以哪個學習方法好，哪個壞？不知道。但是至少看起來人文社會的學問是這樣子累積的，是用自然的方式不計目的地慢慢累積的。

如果各位還不清楚，我們可以再舉一個例子。我們現在都會作文，但我們的作文能力怎麼學得的呢？大概八、九成跟我們背好的古文、詩詞是有關係的。我們莫名其妙的背那些東西，李白、韓愈、柳宗元、蘇東坡的作品等等，一天到晚地背，背著背著，你的文句組合概念就出來了。在背李白、韓愈、柳宗元、蘇東坡的文章時，你絕對沒有「將來文章要寫得跟他們一樣好」的目的；沒有人爲了要學柳宗元的文章，所以現在拚命去背柳宗元的文章。但是組合之後，就能慢慢寫出自己的文章。雖然不表示背得好就一定寫得好，但是它的學習過程大概就是這樣的。

我們經年累月吸收了許多雜七雜八的知識，有什麼用呢？我們從兩個角度來看。一是知識可以幫助我們解決問題，比如說，你大學修了偏微分方程等工具，當你碰到一個物理的問題，就能用偏微分方程的方式來解，這是大家最熟悉「那門學問對我有什麼用」的一種用。還有一種用，是大家比較不能夠想像的，就是「自己形成問題」。如果你吸收的東西非常的多，這些東西之間隱隱然有什麼關係你並不知道，但是這些知識都散布在你的腦袋裡面，你有時候就會問自己：這幾點之間串起來的關係是什麼？那幾點之間和這幾點之間有什麼關係？當你問這些問題的時候，都是在「形成」一個新問題。但是如果腦袋裡散布的那些點數目不夠，根本就沒辦法問出問題，當然也就沒辦法形成問題。

很多人批評我們台灣訓練出來的學生，大多是很會解問題，但是不會找問題。你給他一個問題要他解，非常厲害，不管多難都很快，一天兩天、一小時兩小時就能解出來；但若是要他自己找出一個問題，就比較困難。那怎麼樣才能讓自己比較會找問題呢？就是要「不計目的地廣泛吸收知識」。

當代史學泰斗余英時先生最近寫了一本書，叫做《朱熹的歷史世界》，我大概也看了一看。雖然我不是這方面的專家，但是看一看、跟一些人談一談，大概就可以知道他功力在哪裡。人家說唐朝以前的文獻，你還可以盡讀，如果你眞的很拚命的話，可以把它讀光。但是宋代以後的文獻，你就沒辦法盡讀，因爲龐雜得不得了。

余英時先生七十歲開始寫這本書，你看在他之前，宋朝到現在已經一千多年的時間；這麼久的時間裡，有多少人去寫朱熹？但是余英時先生不計目的去讀這些文獻，所以他看宋朝的文獻一、文獻二、文獻三……一直到文獻兩千八百六十三等等，他看了就放在腦袋裡面，放在他腦袋裡不知道哪個地方。他也沒有目的，但是有一天他就能夠把沒有目的吸收而積存在腦袋裡面的記憶，一點一點地串起來，能以前人所未見的方式串起，像是串珠珠一樣。如果許多讀者都覺得「啊喲，串起來的珠珠好漂亮喔！」那就是一本好書。人文社會的學問累積，就是這樣的一個過程。

前文提到，人文社會的很多知識，是要自己去彙整，要在過程中點點滴滴不斷地去吸收，碰巧佛家的金剛經中有一句話跟我說的有點相似。金剛經說：「菩薩不住相布施，其福德不可思量。」所謂的不住相，是你去布施做好事的時候，不要老覺得我「在做好事」，不要覺得自己是著痕跡的去做好事。假設把我剛講的彙總成一句話，就是：「學子不住相讀書，其功用不可思量。」我們讀書的時候不要「住相」，不要爲哪個目的讀書。在通識教育階段、在眞正進入專業領域之前，尤其不該住相讀書。

有些求學的態度我是非常不同意的：很多家長讓孩子小學一年級就開始補習，認爲「不要輸在起跑點」，這句話眞令人討厭透了。說不要輸在起跑點，這就是標準的住相讀書，而且是「住」得厲害。什麼是起跑點呢？有人在人生裡鳴槍嗎？有終點嗎？什麼叫「輸」呢？所以這是第一種非常住相的念書。第二種好一點，有些人在報紙上說：「我們要培養讀書的習慣」，這也是住相念書。很多人整天都在說你要多讀書，多讀書才能夠怎麼樣。其實，讀書要無用之用才能爲大用，對通識教育尤其如此。你不能說爲了多讀書才去讀書，這都是爲了特殊目的才去讀書。但不住相讀書不是要你去亂念書，像是充滿無用資訊的八卦小報等等，讀那些是沒有用的。你要念有用的書，只是不住相，不執著於哪個目的，不專走固定的路線。只要是你有興趣的、你覺得好玩的你就去念，什麼時候有成果不知道。就像你背古文，什麼時候作文開始變好，沒有人知道，也沒有公式可以知道念白居易文章多少篇的時候，作文就可以得幾分。但是讀書就是對你有幫助！

住相念書在人文或社會科學領域，例子是非常少的。魏爾斯那種例子是住相的；在科學領域，一旦擇定了目標方向，讀書當然就是「爲了解決那個特定問題」。數學家三十歲不出頭，大概就不太容易再出頭了。像魏爾斯，他的佛馬最後定理是三十六歲證明的。

但是要證明這個定理，需要很多的子定理，這些都是在他三十歲以前完成，只不過他在三十六歲時最重要的一步才跨出去。總之，大部分的科學成就都是很年輕的；因爲分工專注投入，所以才能年輕有成。人文社會很多人發跡，要熬到五、六十歲以後。我們剛剛提到的余英時先生，他寫《朱熹的歷史世界》已經七十歲。

我是社會科學的知識探索者，大學畢業二十二歲，當完兵二十四歲，當一年助教二十五歲，二十九歲拿博士（Ph. D.）。假設我現在的知識能夠「量化」，而現在的知識是一百分的話，那麼我大概有百分之九十五是在念完博士學位後累積的，只有百分之五是念博士之前累積的；我相信很多念人文社會的學者都是這樣子。你如果看到哪位人文社會的學者說我是哈佛的博士；講這話的人如果三十歲還可以，如果四十歲的人再這樣講話，就不太有出息了，表示他還在拿十年前的資本在招搖撞騙。三十歲以前，你可以說：你二十九歲拿了哈佛博士；但到了四十歲、五十歲、六十歲，你不必再去張揚那些上古史，因爲對人文社會的研究者來說，學問百分之八、九十以上是在拿到博士之後慢慢累積起來的。老是說自己是哪裡的博士，沒有意思，更不用說「小學沒有輸在起跑點」，那是笑話。

前文提到，自然生命科學的知識探索比較能夠切割與分工，這也反映在他們的研究團隊上。自然生命科學大多有實驗室，裡頭動輒有二、三十個研究生助理，這是常態。但是在人文社會領域，就沒有這回事。余英時先生全盛時間，大概只有四、五位學生；經濟學泰斗貝克（Gary Becker）在二〇〇〇年時只有一位秘書、兩個學生，沒有其他助理。

爲什麼會有這種差別呢？自然生命科學由於易於切割分工，有許多實驗往往可以切開來分頭進行實驗，例如某甲去做A題目，某乙去做B題目，某丙去做C題目。但人文社會所有的知識，大概都是在一個人的腦袋裡面孕育的。我們剛剛講余英時寫的那本書，他是怎麼寫的呢？他把宋朝文獻第一件、第二件、第三件……，一件一件地念，全部放在腦袋裡面，然後哪天就串成珠珠。他有辦法把這個事情交給二十八個助理去做嗎？「甲助理看第一到八個文獻，乙助理看第三十六到九十三個文獻，看完以後你們簡報，我聽。」有用嗎？沒有用的。因爲支離片段的人文知識，這樣是串不起來的。你若要學習作文，就要白居易、李白等，什麼人的好文章都念，慢慢累積在腦袋裡面，有一天你就能串起來，可以寫出很好的文章。但你不能說有兩個人，一個人專念西元單數年寫的文章，另一個人念西元雙數年寫的文章，然後他們兩個人溝通，讓他們向你簡報，你就知道是怎麼回事，那是不可能的。所以人文社會幾乎所有的知識，在少數一、兩個人的腦袋裡面，慢慢醞釀形成。你看期刊上自然科學或者生命科學方面的文章，經常有七、八位作者；人文社會卻沒這回事，頂多二、三位作者。爲什麼呢？因爲人文的知識是不太容易切割分工的。

在人文社會的世界裡，假設要走進探索知識的路線，你就得有忍受寂寞的心理準備。所有做研究的人都寂寞，但是人文尤其寂寞，這是有原因的。假設你在自然科學的實驗室裡，二十個人一起混，老師不在的時候就一起去看電影，即使研習的題目不相干，但這麼多人彼此互通聲息，比較不寂寞。但是我們說人文社會的學問，是在一兩個人的腦袋裡面完成的，當然更容易寂寞，無助而寂寞。

人文社會的知識要溫火慢燉，有時候也與人的情緒成熟度有關。魏爾斯證明代數的定理，只要邏輯夠敏銳，而立之年也許就能做到。但是人文情感卻不然。很多彈鋼琴的天才，可以在七、八歲的時候，彈琴技巧就練得非常好，李斯特很多重指法技巧的曲子，他們都可以彈得很好。但是曲子裡的感情很難表達，因爲小孩還不到那個年紀，那種感覺從沒有過。彈失戀的曲子，七歲？他沒辦法呀！所以很多人文知識的累積是要慢慢來的，是跟年紀有關係的，急不得。

還有一種住相讀書，是非常不利於人文發展的，就是跳級。有的人幼稚園大班就念小學一、二年級的東西，小學二年級念四年級，四年級念六年級，六年級就念人家初二，初二就念人家高一，高一就念人家高三，高三就念大學，最後說：「我二十四歲就拿到博士。」So What？這叫做終點嗎？有人鳴槍嗎？沒有吧！二十四歲拿到博士又怎麼樣，這也是一種住相讀書，就是我要「快」，快又怎麼樣？對人文社會，二十四歲拿博士跟二十六歲拿博士，差別安在哉？

以上我把魏爾斯的故事介紹給各位讀者，有志於科學探索的朋友就稍有概念，大略知道未來的方向。但是對人文社會與通識教育而言，我就沒辦法再具體，也沒有辦法告訴讀者，人生的關鍵、轉折、規劃是什麼。我沒有辦法刻出一條路來，請大家循此而進，十年有成，沒這回事情。人文社會之路遠比魏爾斯的要難以刻畫。我描述人文知識基礎是怎麼累積的，但是說了半天也等於沒有說，因為「怎麼」是沒有方法的，只是告訴你它應該是怎麼走的；「不住相」的意思就是在這裡。假設我真能講出一個方法，那就是「住相」。

總之，我可以用兩個句子來總結此章的見解。金剛經上面說：「菩薩不住相布施，其福德不可思量。」我說：「學者不住相讀書，功用是非常非常大的。」第二個句子，金剛經上面說：「一切賢聖，皆以無爲法而有差別。」這對我們做知識探索也是適用的。現在假設要我講出一個公式、一個法則、一個經驗談、一個關鍵的描述、一個看到魚兒往上游就立志的故事、一個「有爲法」，而使得你受到啓發，你就可以變成知識探索的大學者，那是假的，沒有這回事情。假設你要在知識探索之路上出類拔萃的話，一定是因爲你遵循一個我沒有辦法具體描述的過程，而讓你成就那個境界。記住，至少在通識教育階段，讀書要「不住相」、成就要循「無爲法」；「住相」或「有爲法」都是不對的。

第三封信

以通儒爲典範

在一九八一年九月至一九八四年底之間，我在美國密西根大學攻讀經濟學博士學位。當時系裡的規定是：在總體與個體經濟理論之外，還需要選擇兩個專業領域做主修，每個領域至少包含二至三門課，修完課還得通過各該領域的資格考試，才能成爲博士候選人。當時，我選擇資格考試的領域是「計量經濟學」與「財政學」，但是除了這兩個考試領域之外，我選修了不少的其他課程，包括人口經濟、資源經濟、國際貿易、經濟成長、財務經濟、產業組織等等。大致而言，我比較喜歡個體經濟學，所以系裡所開的各種個體經濟相關領域課程，我大概都修遍了。你若問我爲什麼要修這些雜七雜八的課，我也說不上原因，但基本上是因爲有興趣。至於修這些課有沒有用呢？我猜是有的；至少後來在學術研究的過程中，我很少碰到一個「走不進去」的領域。這些雜多的知識也或多或少在記憶中暫時封裝成爲火種，只等哪一天迎面碰上一個可以發揮的火花，也許就能點燃火種，燒出一些新穎的構思。

一九八五年博士畢業之後，由於我是教育部公費留考，所以必須返國服務。我在前文中提到，自己現在的知識大概有百分之九十以上是在拿到博士學位之後吸收的。顯然在回國之後，我又往腦袋裝塡了不少新知識，而其中大部分都是「法律」與「哲學」的知識。從一九八六年起，我開始對法律經濟學開始產生興趣；首先研讀的，當然是貝克教授在一九六八年所發表的經典大作《罪與罰的經濟分析》，以及哈佛大學薛維爾（Steven Shavell）教授《意外法的經濟分析》。剛開始讀文獻的時候，總覺得法學文章裡專有名詞甚多，「比例原則」、「懲罰性賠款」、「表面證據」（prima facie evidence），讀來皆不知所云。貝克教授恰好在一九八七年左右來台訪問，我告之自己研讀法律文獻專有名詞的困擾，他的回答則是一派輕鬆：「不會啊，幾個名詞習慣就好了；我當初投進這個領域前，也完全沒有法學知識背景。」就衝著這份大師開示，我也就一頭栽進法律文獻之中。

自一九八九年起，我開始習慣性地旁聽或自修許多法律課程。假台大法學院課堂之便，我前後旁聽了林明鏘教授的憲法、劉宗榮的物權、黃茂榮的債權、林山田的刑法。一九九一年更赴史丹福大學法學院再進修，又旁聽了魏斯博（Robert Weisberg）教授的刑法、瑞賓（Robert Rabin）的侵權法、柏林斯基（Mitchell Polinsky）的契約法。這些法律課程前前後後加起來，也算是不小的知識投資。但是在這裡，我必須要說明：當我去旁聽或自修這些法律課程的時候，心態上與學生時代的修課是非常不同的。這一點必須要花些篇幅闡明。

第一，如前所述，我去旁聽或自修那麼多法律的課，主要是因爲興趣。但是有許多新回國的年輕朋友，卻是以「自己學的東西還不夠」的心情，去投入新知識的學習。我必須要說，我不同意這樣的學習態度。有一位做經濟理論的年輕朋友，從美國一流大學拿到博士回台灣，覺得自己的數學還不夠好，乃組成了一個讀書會，湊集幾位教授去研讀高等微積分。又有一位美國年輕博士，覺得自己對勞動市場的文獻掌握還不夠，於是花了兩年的時間拚命研讀文獻。這樣的傻勁相當令人欽佩，但是對於想要投入社會學門知識研究的企圖而言，卻是沒有幫助的。

我們必須要了解，知識是日新月異、不斷推陳出新的，因此根本不可能有「文獻掌握足夠」的一天。這就好像在一個後浪不斷推前浪的環境裡，如果有人想拚命向前划水，以便能「看清楚所有前緣浪花的種類與形態」，那注定是要失敗的。要看清楚前緣的浪花，唯一的方法，就是自己變成前緣浪花的一部分，甚至自己不斷地製造一片片的浪花，只有如此，才能在「乘浪」水波中，看到周遭的浪波浪影。就學術研究而言，所謂乘浪，就是自己也做些前緣研究，嘗試「一腳跨到別人前頭」。如果你成功了，當然你本身就是那朵快速前馳的浪花，只待別人看你的身影，哪裡還需要自辨形影。如果沒有成功，至少那跨腳向前的嘗試，也得到同儕或評審的若干批評與訕笑，而這些有憑有據的批評訕笑內容，正也透露出浪濤前緣的可能景象。就這樣，你已在研究創新的過程中，同時了解了文獻。

再舉個例子，讀者就更能了解我的意思。所有的名廚，都是從少數幾道菜的模仿、改變、創新出發的。也許是先做麻婆豆腐、蔥爆牛肉，再做些自己的改變，如此兩三道菜、五六道菜逐步精進，久而久之就是滿漢大餐的名廚水準了。你可曾聽說有哪一位廚子是先「嘗遍大江南北各家風味」，然後才開始自己下廚？天下口味怎麼可能嘗盡？又不是神農氏！不自己下廚演練，又怎麼可能了解其他廚子的眞正水準？「治大國若烹小鮮」，治學問又何嘗不然？因此，如果你已經拿到博士學位了、已經做助理教授了，那麼就請有自立門戶的信心，不能再有「我這裡學的還不夠，那裡學的還不好」的蹉跎心態。你要吸收新知識不是不可以，但必須是基於興趣，隨時以懷疑的眼光檢視知識、以自己原本之所學比對異同、用相對應的理論檢證疑點。

此外，在學校裡爲了學習而吸收知識，對於知識內容幾乎不太有挑選採擇的能力，只能被動的接受；看到導言就讀導言，翻到申論就念申論。但是基於興趣或研究而吸收新知，就比較有採擇的判斷與批評的主觀意識；導言看似無用大可跳過、申論瞥見矛盾則註記批駁。如果你有志於社會學門的知識探索，就必須要戒除消極吸收知識的癮頭，逐漸培養自己選擇性閱讀、批判性檢視的習慣。這種閱讀習慣的改變，必須要及早建立。

第二，相對於大學或研究所修課，旁聽或自修總是比較鬆散的。許多剛拿到博士的助理教授，都已經成家立業，家裡有老婆或老公，膝下育有幼子。如果老公今天有事，叫妳去接小孩，妳還能去旁聽課嗎?如果老婆上個月剛分娩，你焦頭爛額的換尿布、餵奶，還能認眞的做旁聽課老師所交代的習題嗎?不怕罰跪算盤嗎?學生時代生活畢竟單純、外務總是少，因此投入課業的時間絕對比較多。如果你問我哪些課程該在大學裡選修、哪些課可在日後慢慢旁聽，我的答案非常簡單：凡是必須要做大量習題才能修好的課，最好在學校裡當學生的時候去修；但是有些不太需要做習題的課，則可以慢慢來，就業之後還可以慢慢跟上。

那麼哪些課必須要常做習題才讀得好呢？一般而言，像初等或高等微積分、初等或高等統計方法，這些工具性的課程都需要多做習題方能領悟，最好是在學校裡修掉。此外，像初等、中等會計學、財務學、經濟學原理等課程，也有繁重的習題壓力，如果沒有外在督促，自修者大概少有做習題「自我虐待」的興趣。這些課最好也是在學校裡正式修課解決；這些課能靠自修而無師自通，或是靠旁聽的蜻蜓點水就能心領神會的，我還沒有見過。

如果以武俠小說裡的武功做比喻，讀者也許更可體會。你在少林寺、武當山跟師父的時候，最好是學些馬步、內功等基礎功夫。馬步要師父逼、盯、罰，徒弟才會一站站上兩、三小時；自己在家學蹲馬步，一般而言總是不容易認眞、吃苦。內功爲什麼會要師父呢？內功講究「心法」，像是口訣一般，先由師父秘傳，再由練功的人靠心法自我檢查、自我修正、自我體驗。有心法或無心法，在外表的姿勢相差無幾，外人根本看不出端倪，因此內功心法必須要跟師父學；自己日後自修，絕對修不出什麼名堂。

前文提到，我從一九八六年起，就斷斷續續的涉獵法律方面的知識，而且是選擇性、批判性的吸收。我從不打算對民法裡「債」的觀念做何種通透全面的了解，而只對侵權行爲、民事訴訟程序等我有興趣的題材，揀擇投入、深入批判。我對整個刑法的體系或演進不感興趣，但是對於罰金與自由刑的取擇、逃漏稅等課題則多所研讀。正因爲我的研讀是如此的挑揀專精，所以才有足夠的時間盯上一個個題目後深入鑽研。二十年下來，我從一個對法律完全沒有概念的經濟學者，一腳踏進法學的領域，到已經在國際頂尖的法律學期刊發表了大約十幾篇的文章，內容涵蓋憲法人權、刑法、刑事訴訟法、民事訴訟法、週期執法、認罪協商、公司與個人逃漏稅、懲罰性賠款、判例制度、業主連帶責任等等，也先後獲聘爲史丹福大學的歐林法律經濟學者與芝加哥大學的歐林訪問教授，可以算是從法律的片面觀逐漸進入了「全面觀」。

在這裡要特別強調，我一開始旁聽法律課程時，不刻意去吸收任何一門課的「全面性」知識，只是找自己有興趣的點去研究。但是久而久之，當這些散布在知識領域中的點逐漸擴大之後，就不難由點連線、由線合面，回過頭來還是串成一片整體而全面的理解。

舉以上的例子只是要告訴大家，吸收新知識在一開始是可以有選擇性的、是不必照單全收的、是隨著興趣跳躍的、是一邊學習一邊研究的。但是當你在這個領域浸淫久了，那麼就有許多的機會摸索或接觸到鄰近的知識，於是各個「點」的知識就能在附近擴大一些，逐漸也會形成一個知識體系。這樣慢慢建立的體系彌足珍貴，因爲它的每一個片段、每一根支柱，都是自己辛苦累積、體驗、鑽研而得。如果你被動的聽老師講授或是強迫自己依教科書章節而習得一套理論，那是「老師的理論」或是「作者的理論」，未必融入自己的知識體系。但若你經過二十年的點滴研究而建構起點、線、面的知識體系，那種圓融貫穿才是與自己的興趣最能契合的知識體系。

爲了研讀法律，我也很自然地會念一些有關公平正義的哲學文獻。在這一方面，中央研究院的同事戴華給了我很多的幫忙。在許多次的對話解說之外，他推薦我看的幾本書，包括金里卡（W. Kymlicka）的當代政治哲學，以及費希金（James Fishkin）的正義對話，都是平易近人的好書。由這些書再引申擴大，在過去二十年我也閱讀了近百冊政治哲學的書籍，包括杜金（Ronald Dworkin）、海耶克、柏林（Isaiah Berlin）、佛利曼（Milton Friedman）、沈恩（Amartya Sen）、羅爾斯（John Rawls）、彌爾等等。這些政治哲學的閱讀不但能使自己從哲理面更深入地理解法律規範的思考基礎，也有助於自己概念思考的圓融，幫助非常大。二〇〇三年時，在人權律師李念祖的協助下，我也開始嘗試將自己摸索學來的正義哲學知識，應用到台灣一個個人權釋憲案的大法官判例中，結果還算令自己滿意。

我想要強調的是，這個研讀吸收正義哲學知識的過程，也與先

前所提吸收法律知識的過程雷同。我從不企圖對知識論、宇宙論、語言哲學等廣泛的哲學理論做全面性的了解，只想在正義哲學與道德哲學（moral philosophy）這一兩個小領域掌握關鍵的知識。之所以會著重在正義哲學，是因爲它與我想研究的、有興趣的法律問題有關。因此，前述研讀吸收哲學知識的過程，也是選擇性的、有興趣基礎的。只是這一方面努力的成果，不是在正義哲學領域能做出多少創新，而是能與自己的法律知識逐漸契合，形成自己一套圓融貫通的法律知識體系。

我在第一封信裡提到，學界中人早已習慣於細瑣枝節的分工，久而不察其誤。研究憲法的人甚至將憲法視爲自己的禁臠，動輒喝斥民法、刑法的研究者「不要撈過界」，譏諷跨領域「不是科班出身」的研習者，阻止別人踏進自己劃定的禁區。這些人不敢就事論事的探究別人撈過界的論述是否言之成理，只敢以武斷的「知識疆界論」，去排拒他人的參與討論，心態上非常不足取。幫派分子打架，好歹要說「有種就出來比劃比劃」。如果竟然向對方吆喝：「有種就不要出來」，這算是哪一門的好漢？如果民法學者研究憲法就算是撈過界，那麼像我這種經濟學訓練出身的人，跨足各種各樣的法律領域，從理論到判例什麼都沾，那眞的是罪無可赦、應該「褫奪研究權終身」了。

但是從通識教育的角度來看，法、政、經、社原本不就是互爲一體的知識體系嗎？古典大學者邊沁人稱功利主義（utilitarian-ism）之父，顯然是經濟學家。但是他又寫了「刑法」（On Penal Code）的經典著作，也是不折不扣的法學泰斗，可曾有人說他是撈過界了？彌爾父子二人都是經濟學家，但是他《論自由》（*On*

Liberty）一書膾炙人口，成爲政治學與法學理論的經典，顯然也是一流的法政學者，誰敢說彌爾是撈過界？如果我們認可兩百年前的學者腳踏數條船，卻要求今日學者自我限制在狹窄不堪的小領域之內，不准他們越界，這究竟是什麼奇怪的心理？當做憲法研究的學者不讓做民法的人觸碰憲法領域時，他們難道不是想繼續自己在憲法領域的壟斷？難道不是因爲自己從來就不是貨眞價實的憲法權威，必須要靠阻絕外力，才能維持自己在租界之內的霸權？諾貝爾獎得主史提格勒（George Stigler）有句名言：「在所有壟斷當中，思想壟斷是最要不得的」（Of all monopolies, that of thought is the worst.），旨哉斯言。

我在此想要傳遞的訊息非常簡單：學問世界內諸多領域的知識都是相通而關聯的，彼此之間的疆界極不明顯。你如果專注於其中部分領域而一頭鑽進去，當然是好的；但你若想遊走諸方而觸類旁通，也沒有什麼不可以。只是在當今社會，在科學方法論的影響之下，知識切割日益瑣細，許多人習以爲常的專注於狹小的子領域，而忽略了兩百年前邊沁、彌爾等人的「通儒」典範。久而久之，這樣的知識典範已瀕臨絕種了。在二十世紀下半，我覺得只有海耶克稱得上是社會學門的通儒；在人文方面，似乎僅僅余英時先生有文、史、哲的通博視野。通博大儒日漸凋零，缺少了典範人物（role model）做榜樣，像你我這樣的年輕學子，自然也就難成氣候了。

總之，回歸古典廣博通儒，是我對年輕有志於知識探索者的期望。要怎麼做才能走到這個境界呢？大概需要及早起步，讓自己從高中階段開始就逐漸接觸人文社會的種種觀察。前述彌爾是學界公認的政經「天才」，年歲輕輕就已嶄露頭角。據彌爾自己的描述，他父親從他小時候就經常帶他散步，向他解釋倫敦社會所見所察，也慢慢告訴他「街頭攤販大排長龍是因為需求大於供給」這種抽象知識。這故事聽起來有些機車，但彌爾日後深厚的知識基礎，恐怕還是與他老爸對他經年累月的教誨有關。

我們絕大多數人都難有前述彌爾的際遇，一則「老爸不夠有學問」，帶著我們散步只能吃吃路邊攤、看看打香腸，二則社會環境與西方有些差異，大家對法、政、經、社的知識體認，恐怕也只有電視叩應節目的問答水準，當然更不容易培養出具知識深度的社會學門素養。在本文前段，我花了些篇幅向讀者解說自己是如何踏進經濟專業之外的法律領域，也許對年輕朋友有些參考作用。一旦你勇於嘗試走進一個陌生領域，你就不再害怕其他嘗試。長久下來，你就漸漸摸索到法、政、經、社的粗象了。我不敢說這樣的摸索歷程是不是對每一個人都適用，但至少對自己而言，二十幾年走下來，對社會學門大概是領悟日多、疑問日少，勉強算是「沒有大惑」。我還在繼續努力，希望自己六十歲的時候，在社會相關的知識世界能夠堪稱「耳順」。我的志向是如此，你呢？

第四封信

一門深入或遍地開花？

在我一九八五年回國之際，任大學新聘教師只有三萬多元的月俸。當時，行政院國科會研究補助每月則有近一萬元，相對於微薄的薪俸確實不無小補，所以絕大多數的大學教授都會盡力去申請國科會的研究計畫。到了二〇〇六年，新進助理教授的薪水已有每月七萬元，而國科會的補助也增加到最多兩萬元，還是有相當的吸引力，因此，每年都有相當多的新進年輕教師申請國科會的補助。

每一位申請國科會補助者送件之後，都得經歷同儕學者的匿名審查。審查重點包括研究計畫的內容以及申請者過去數年之研究表現。關於研究表現，在國科會審查表中，評審需要評估申請者著作的「系統性」。例如，某人若是做逃漏稅的研究，如果其著作涵括公司逃漏稅、個人逃漏稅、遺產贈與逃漏稅、逃稅的稽查處罰、逃稅與社會文化等等，這就表示其研究「有系統」；如果此人著作像是「老太太買畫、一樣一張」，旁散於各個不同領域，則視爲「沒有系統」。國科會認爲有系統的研究應給予較高的分數，沒有系統的則給予較低的分數。

多年以來，每次別人問起我的研究專長，我都有點羞於啓齒；因爲自己就是那種研究不太有系統的異端分子。我雖然主要的研究集中在人口、法律與財稅，但是把著作目錄攤開，恐怕只能以一個「雜」字形容。在過去二十年間，我鑽研過政治哲學、生物演化、區位抉擇、地下經濟、租稅逃漏、農民革命、遺產繼承、家庭生育、性別歧視、民事訴訟、動態賽局、人口波動、生物多樣性、巨災保險、永續發展、公司治理等等，雜亂到不可思議。國科會若要問我：你的研究有系統化嗎？我大概會羞愧地低頭小聲回答「沒有」。對方一定聽不清楚答案，再大聲問「你說什麼？」我的答案還是「不太有系統啦！」

這樣的困擾終於在最近產生一些轉變。芝加哥大學一位知名教授拉維（Steven Levitt）是美國經濟學會二〇〇三年克拉克獎章得主。克拉克獎每兩年評審一次，頒發給美國四十歲以下最有潛力的經濟學家。克拉克獎章得主已經有十數人日後得到諾貝爾經濟獎，其指標意義當然不可小覷。頗堪欣慰的是，拉維教授也是一位研究「沒有系統」的學者。我的學問比拉維差上一大截，但是看到有「五行八字」與自己相同的人獲得大獎，我也就莫名其妙地有一種解脫的感覺。

拉維在二〇〇五年出版了一本通俗著作《蘋果橘子經濟學》（*Freakonomics*），在其第一頁，拉維就講了一則故事。當年，拉維被一群哈佛教授面談，其中一位教授說：「我弄不清楚你研究的主軸是什麼。」（I'm having a hard time seeing the unifying theme of your work.）拉維當時嚇出一身冷汗，自忖「我也搞不清楚自己的研究主軸爲何」。後來有位哲學大師諾錫克（Robert Nozick）幫他解圍，用孟子訓梁惠王的口氣告訴其他口試委員：「王何必曰『主軸』？」諾氏說：「拉維大可隨時提出問題，然後回答它，這樣也很好啊。」

在前段的故事中，哈佛教授所詢問的主軸，也就是我們國科會所強調的「系統性」；如果著作沒有主軸，當然就沒有系統。既然沒有主軸的研究也能拿到克拉克獎，表示「沒有系統」也有可取之處。其實，所有的知識建構都一樣，沒有哪一條路一定對、哪一條路一定錯的簡單二分區辨，要視情況而定。知識探索者若是四處隨機尋覓題材，彼此之間完全不相連貫，每一項研究都是點到爲止，一般而言當然比較不容易得到什麼深刻的結論。因此，我們若是把歷年來諾貝爾獎得主的著作拿出來看，每一位至少都在某一個領域做出重要的貢獻。這些貢獻既然「重要」，大概也不太可能單單一篇蜻蜓點水的文章所能竟功；因此，其貢獻背後的系統性也就不言可喻。事實上，拉維教授的著作也不是全無系統可言，截至二〇〇三年爲止，有多篇論文都是著重在犯罪經濟學，也算是小具系統性。一位學者的興趣可能廣泛，但多多少少還是有跡可循。長期而言，多篇論文或書籍之中總是可以串連出一些共通性，但重點是：這些共通性是自然流露的，而不是刻意追求系統性之下逼出來的。

對於華裔學者而言，我可能還要強調系統性知識所隱藏的弔詭。前文已經提到，台灣與中國大陸由於升學競爭激烈，學童在成長過程中習慣性地去拚解題、背課文，研究創新的原動力受到相當的壓抑。有些學者在撰寫博士論文時以甲爲題目，拿到博士後還是找不到新方向，於是把甲題目翻過來做一遍、側面做、換個假設做、吊起來做、躺下去做，數十年如一日。這些研究美其名爲「系統化」，其實是學者自己「老狗玩不出新花樣」，舊酒不斷換新瓶而已。在我自己過去二十幾年所接觸的案件中，老實說有不少所謂有系統的研究，都是變不出新花樣的舊品新裁而已。反觀拉維教授，書評說他「無懼地運用個人的好奇心與觀察力」，勇敢嘗試一般學者不敢碰觸的題材，確實展現出一派宗師的氣勢。台灣學生與研究者所缺少的，我認爲就是這種掌握知識創新題材的勇氣。

拉維做了些什麼有趣的研究呢？讓我在此介紹一、二。例一是拉維運用資料去抓「老師作弊」，故事是這樣的：美國的中小學教育問題很多，在某些貧窮的社區，學生吸毒、入幫派、輟學的比率很高。美國政府爲了改變這種現象，就推動了一系列教改措施，號稱「要把每一個孩子帶起來」，口號講來動聽悅耳。芝加哥政府爲了鼓勵老師努力教學，就每學期定期舉辦一次統一命題的段考，並且依學生成績之優劣，而給予老師降級的處罰或加薪之獎勵，由於獎勵金額不小，於是老師們在此利誘之下，也就賣命投入。數據顯示，芝加哥在推動這項措施之後，學生成績進步頗爲明顯。拉維教授對此進步甚爲狐疑：他想，奈A烏這款代誌?教育的改進怎麼可能這麼簡單，又怎麼可能在區區金錢獎勵之下有如此速效?拉維進一步得知，每一班的段考是由班導師自己監考，收卷後約五分鐘，由老師將考卷拿到教務處，轉交市政府電腦統一閱卷，而考題都是選擇題。拉維猜想，如果教育沒有眞正改善但成績卻進步了，唯一的可能就是老師作弊。老師也是人，也可能在上萬美元獎勵的利誘之下做出不法之事。也許拉維經常看台灣的弊案叩應節目，心想：「凡走過必留下痕跡」；如果老師眞的有舞弊，他們會留下什麼痕跡呢？要尋找這個答案，最好的辦法就是設想「自己若要作弊，該怎麼做」？

老師當然可以在監考時對全班宣布若干題的正確答案，但那樣做風險太大，「證人」太多，不值得冒險。另一種作法，則是利用收卷後、繳卷前的五分鐘空檔，由老師迅速地在答案卡上竄改若干學生的答案。拉維想：如果我自己要如此做，由於時間有限，我只能竄改少數幾題。此外，爲了避免倉促間老師忙中有錯，老師也不可能在腦中背太多的答案。而爲了使自己班上學生的成績有明顯的進步，最好改答案的題目是稍難的題目（簡單的題目學生原本就會答對，改不改差別不大）。如果挑中了若干較難題目，則老師最好一次改許多學生的答案卷，如此翻張改答案的效率最快，才能在五分鐘之內完成「犯案」。

拉維心想，如果這些作弊老師眞如我一般盤算，那麼他們就會留下痕跡。怎麼去尋找痕跡呢？拉維得到芝加哥教育局的同意，把好幾萬份的學生答案卷調出，將之輸入電腦。拉維將題目序號更改，依簡單題在前、難題在後的次序排列。如果老師確如拉維設想般竄改答案，則我們將在作弊班級中發現以下特性：一、簡單的題目考生們答對答錯有些隨機；二、較難題目的某一區塊，學生們將「同時答對或同時答錯」。同時答對表示老師竄改而填入正確答案，同時答錯表示老師水準稍差，竟然竄改填入錯誤答案。於是拉維寫了一個程式，由電腦將這些「全班多人在較難題目同時答對或答錯」的班級找出。這些班級就是老師有可能作弊的班級。爲了毋枉毋縱，拉維最後又請芝加哥教育局給所有班級一次突擊補考；相同題目，但監考全換爲督學。由於督學沒有動機竄改答案，班上成績應該較能反映學生眞實水準。如果甲乙丙三班有作弊，而丁戊己三班沒有作弊，我們會預期前三班的成績會在突擊補考時大幅下跌。結果顯示，芝加哥的情況確實如此。最後，芝加哥市府基於拉維所提無可辯駁的證據，將若干名作弊老師解聘。

拉維教授是經濟學家，但也許你會想：這是哪一門碗糕的經濟學？其實經濟學研究人的理性決策，作弊難道不是決策？老師作弊是爲了貪圖數千美元的教學績效獎金，又評估被抓包的機率甚小，取捨之下乃鋌而走險，誰說其背後的算計不夠理性？其實，正因爲老師們的算計理性，才會選擇「在五分鐘內只竄改了少數題」、「若竄改應改較難題」、「爲快速翻改、簡單背答，應該對許多同學改相同題」。諷刺的是，正因老師們如此的理性算計，才會留下如此斑斑可考的痕跡。如果老師們眞的是隨機抽學生、隨機改題，拉維教授拿他們一點辦法都沒有。

拉維教授另一項更爲著名的研究，則是解釋何以美國各大城市的犯罪率，在一九九〇年代均大幅下降。以紐約爲例，在一九九〇年，每十萬人之被謀殺人數爲三十・七人，但是到了二〇〇〇年，被謀殺人數降爲八・四人，降幅達百分之七十三・六，堪稱驚人。不只紐約如此，美國各大城市在一九九〇年代皆然。在拉維之前，社會學家、心理學家對於九〇年代美國犯罪率的下降，提出了一大堆的解釋，包括警察執法方式改變（不再只抓重罪，也開始懲戒輕罪）、入獄判決增加（而不只是罰款）、人口老化（老人家比較無力犯罪）、槍枝管制趨嚴、經濟改善等等。拉維教授說，這些原因好像都不是癥結。他說，一九七三年一項著名判例（Roe vs. Wade）才是關鍵。讀者或許會想，搞什麼鬼！怎麼十八、九年前的一個偶然判例，會扯上在一九九〇年代的犯罪率呢？

前述一九七三年的判例是美國最高法院的一項判決：美國各州所定禁止墮胎的法律為違憲，必須在一定期限內修改為容許墮胎。拉維的推理是這樣的：一般而言，通常是吸毒的、性生活隨便的、精神狀態不濟的女人，比較有可能在意外的情況下懷了一個自己不想要的胎兒，於是他們想要墮胎。雖然也有其他生活較為正常的墮胎者，但比率而言，總是以生活異常的婦女居多。當墮胎為非法時，這些性生活複雜，經常在毒品、特種營業環境下遊走的婦女，就不得不生下「不想要的小孩」。既然客觀經濟狀況不佳，主觀上又不想要這些孩子，那麼當孩子出生後，就必然難以得到正常的父母關愛與照顧。一般而言，這些疏於照顧、身陷特種環境的孩子，長大之後有較大的機率成爲犯罪。而將墮胎合法化，等於是抑止了這些將來潛在犯罪者的出生。由於青少年犯罪大約是始於十七、八歲，因此一九七三年的墮胎合法化判例，就在一九九〇年代造成犯罪率的降低。

這樣駭人聽聞的推理當然是大膽的假設，拉維究竟有沒有小心的求證呢？有的。美國若干州在一九七三年判例之前，即已經容許墮胎合法。在一九七三年判例中墮胎雖然合法，但各州修法時間還是有些不同的間隔，而各州墮胎之次數也是在修法之後逐漸緩慢上升。拉維將各州之墮胎次數與該州十七、八年後的犯罪率做比較，發現兩者之間竟然有明顯的負相關；一九七〇年代墮胎率越高，則十幾年後該州的犯罪率越低。這樣的證據不但把相隔十幾年的跨州不相干資料連上了因果，也同時駁斥了其他解釋犯罪率下降的種種學說。比如說，如果槍枝管制趨嚴能夠解釋犯罪率的下降，那麼在美國各州之間，就應該要觀察到「槍枝管制」與「犯罪率」的因果關係。如果許多州八〇年代與九〇年代的管制措施一樣嚴，但九〇年代犯罪率卻莫名其妙地下降，就表示槍枝管制措施不能解釋九〇年代的犯罪率。拉維在其著作中用許多資料窮盡檢證各種不同的假設，最後才得到「墮胎」這個唯一合理的解釋。

前述這兩個例子應該已經給讀者一個引子，大致了解拉維教授是用什麼樣的奇怪思考去處理社會議題。犯罪問題當然是社會學門研究的對象之一，但是法律、經濟、社會、政治、心理人人可以參一腳，往往是眾說紛紜，難有定論。然而拉維堅信，社會上所存在的諸多數字證據，往往能經由交叉檢證，幫助我們過濾掉其他不合格的解釋，最後留下少數可能的正確答案。正如同前述老師作弊案，「凡走過必留下痕跡」；一九七〇年代所通過的墮胎法案，就集體呈現爲十幾年後的犯罪結果。社會現象說複雜，竟然也如此簡單。

除了老師作弊與九〇年代犯罪率之外，拉維也研究日本相撲選手的放水。他將所有相撲選手對戰紀錄全部攤開來，輔之以選手勝負的獎懲辦法，就能抓到那些相撲比賽可能的放水者。此外，拉維在偶然的情況下，得到芝加哥毒梟的詳細資料。這些資料是由一位社會學者跟在毒梟身旁做「田野研究」數年的筆記。由這些筆記數據，拉維就推估出芝加哥毒品販售體系的薪資、升遷、風險、利潤等詳細的結構，恐怕比ＦＢＩ臥底幹員還清楚。

拉維教授研究學問的模式，堪稱「遍地開花」之典型；不拘泥於主軸、不執著於領域。別的學科我不敢說，在經濟學家之中，像艾羅（Kenneth Arrow）、薩穆爾遜（Paul Samuelson）、史蒂格里茲（Joseph Stiglitz）、傅里安（Hal Varian）等人，也是旁雜百支、不拘泥於一宗。以薩氏爲例，他在財政學、人口學、國際貿易、一般均衡、公司理財等領域，幾乎都有開山祖師的地位，不但四處撒種花開遍地，而且處處都是成一家之言，形成散處各地的「薩穆爾遜花園」。相形之下，拉維教授只算是小角色。小角色尚且如此遙不可及，薩穆爾遜的功力，當然就更是仰之彌高了。

當然，薩穆爾遜與拉維教授這樣天馬行空的治學方法，在學界畢竟是少數，絕大多數的學者確實也是獨沽一味，專而有成。例如在經濟學者中，孟岱爾（Robert Mundell）專注外匯理論、歐林（B. Ohlin）精研國際貿易、狄布魯（Gerald Debreu）情鍾均衡模型，當然也成爲「系統性」治學的典範。治學究竟是一門深入好還是遍地開花好，學界並沒有定論，要看個人個性而定。有些人個性調皮豪爽，自然喜歡四處拈花惹草；也有些人專情拘謹，走路的時候「絕不同時嚼口香糖」，那還是獨沽一味的好。就學門而言，科學研究由於分工細緻，比較容易產生一門深入的知識探索者；人文學者或是通識訓練龐雜完整的人，則容易踏上遍地開花之路。

最後，我也有義務對台灣年輕學子提出一些忠告。拉維教授的案例是非常吸引人的，他多少給年輕人一些幻想、一些憧憬：如果我也能如此無拘無束的優游於學問世界，那有多好。我就認識幾位年輕人，也有類似的傾向，想模仿拉維風格。但是年輕朋友在學習拉維教授的風格之前，也必須要對自己的功力有些了解。畢竟，像拉維這樣天馬行空的治學，最後還能安然落地、毫髮無傷的，可非得要有些天分才行。如果內功不夠，就強練姿勢怪異的外功，很容易就會岔氣而走火入魔，弄不好就毀了學術前程。有志於社會科學的年輕人可以多從拉維的學問世界中得些靈感、找些啟悟，但卻不必在倉促間學習他的身影招數。倒練九陰眞經是不能胡亂嘗試的，總是謹愼些好。

第五封信

有胡思亂想，才有知識創新

我在前文中提到過多次，在升學壓力沉重的環境下成長的孩子，整天在反覆演練的解題技巧中琢磨，其創造力與想像力自然會受到局限，即使做了教授也是如此。有不少年輕的社會學門年輕朋友向我訴苦，說他們覺得尋找研究題材「好難喔！」有些人甚至在拿到博士學位後數年，想來想去仍然是當年論文題目相同的框架。如果連當年博士論文題目也是老闆給的，那就表示此人十幾年下來腦袋裡不曾醞釀一個新題目，說來也頗爲可悲。

我自己大概是自幼調皮之故，鬼點子奇多，不但腦子裡經常有好幾個研究題目蠢蠢欲動，甚至每讀一篇論文或雜文，都會莫名其妙的演發出稀奇古怪的新構想。在進入正題之前，先講一個小時候的故事，告訴你我小時候是如何調皮法。初中的時候我讀仁愛國中，導師兇的兇、嚴的嚴，學生們個個都戒愼恐懼。有一次初二的國文課，老師要求學生用詞造句，所提示的詞是「大吃一驚」。我每次造句都胡謅亂湊，經常用解釋名詞的方式造句。例如「罄竹難書」，就造句「古人描述某人的罪過數說不盡，常用罄竹難書來形容」。這樣的句子（其實是解釋名詞）簡直就是耍賴，也因此常受責罰。這一次要用大吃一驚造句，我不敢造次。於是老老實實造了一句：「當警察發現這個案子是XXX做的時候，他們都大吃一驚。」怎麼樣，四平八穩吧?不然，在前句中XXX處，我其實是填上了國文老師的名字。當時的老師姓黎，是位女性，看了句子大怒，遂把我叫到教師休息室，破口大罵，而其他的老師也在旁幫腔：「這種學生該記兩個大過」，「叫他家長來，讓他在朝會向全校師生悔過」。我在眾老師「刑求」之下被嚇得半死，還不忘狡辯「句中所說的那件『案子』未必是壞事，說不定是拾金不昧啊！」結果又討來一陣斥罵。

我個性裡也有不少的反叛因子。初中我念仁愛國中，那個時候我們一位管理組長，外號叫做狗眼，狗眼是北一女轉來的，北一女的學生叫他狗眼，我們也「尊重」北一女學生，繼續叫他狗眼。這個人動不動就打人，也非常不尊重人。到了聖誕節，他覺得初中學生會去跳舞，就站在校門口檢查頭髮。他拿著電動剃刀，只要頭髮看起來不像是兩天前理的，他就在你的頭頂中間剃條跑道，羞辱人到極點。你說要怎麼回家呢？坐公車回家不是醜極了嗎？那個時候，我騎了一輛既重又舊的腳踏車，放學時我看到他又在那邊剃跑道，事實上我的頭髮大概是五天前理的，絕對不符「兩天前理髮」的頭髮標準長度。但是打死我都不願意被他剃條跑道，初二的我，舉起腳踏車丟到牆外，爬到牆外再繼續騎腳踏車回家。我都不知道我哪來這麼大力氣，腳踏車舉起來、丟出去。但是無論如何，就是不能被羞辱。

調皮搗蛋當然不是什麼值得誇讚的正面特質，但卻也不是十惡不赦。年輕朋友若問我爲什麼有那麼多稀奇古怪的想法與研究題材，我猜是與自己調皮的個性有關。調皮搗蛋以及不受傳統拘束的性格，經常會想出人意表、別出心裁，這或許就是點子與創新的源頭。有一本英文字典，把研究二字定義爲study or investigation of facts not readily available，譯成中文就是「對未知事實的探索與檢證」。所有的法則，規矩，都是代表已知世界劃定的範疇。越是調皮的人，越傾向將這些法則與規矩視爲無物，也就越有可能另闢蹊徑，想出一些與傳統思維不同的見解。自然與生命科學尋找新的題材，可能是要研讀文獻、觀察實驗、電腦模擬、紙上推演；但由於社會學門的知識是源自於社會現象的觀察，所以點子一定是由社會觀察而來。如何從觀察紛亂無緒的日常生活中激發知識創新的構思，我無以名狀其過程，只能列舉一些實例，由讀者自己去體會。例中所謂的觀察，未必是自己日常生活之體驗，也包括雜誌閱讀、期刊檢索之所見。

首先要帶年輕朋友漫遊的領域，是將社會科學跨入生物學的世界。有一回看電視的探索頻道（Discovery），談到生物演化的種種現象。我們說「物競天擇」，就是說生物會逐漸演化出最能符合天擇要求的特徵：例如，豹要跑得快、蛇要有保護色等等，這些特徵統稱爲演化適應度（fitness）。這些特徵演化可能要耗上幾百年，而且是隨機隨勢發展而來，但長期而言，物種的演化看起來幾乎像是各個生物「刻意」去追求適應度一般；因爲適應度不佳的，都已經被淘汰了。從這個角度來看，生物的演化過程真的很像經濟學的分析。經濟學家探討個人與廠商如何在技術資源限制之下追求增加效用或利潤，而生物則也是在身體與環境限制之下追求增加其適應度。對經濟學裡的消費者而言，他們有一定的預算，而將它分配在蔬菜、水果、肉品、米飯之購買；動物而言，他們有一定的「能量」，用這些能量去長肉長筋以強化自己的覓食能力，去修補細胞或器官以求延長壽命，或是去製造精子卵子、進行性交以繁衍後代。動物分配能量在這些用途，以增加其生物適應，這與人類分配所得以增加效用，有什麼不同呢？如果經濟學能分析消費與投資，爲什麼不能分析生物演化呢？

於是從二〇〇三年起，我開始研究演化經濟學，分析生物體（不見得是人類）如何透過能量的配置，去改善其演化適應。如前所述，物種要把能量分配於成長、生育與保養，而保養則是生命能否延續的關鍵。生物可以多投入能量在自體保養，活很長的時間，每隔數年生少數幾胎，這是一種演化策略。生物也可以多投入能量去生育，每年生好幾萬個後代（卵），但如此疏於保養的代價則是壽命較短，這也是另一種演化策略。究竟生物該選擇哪一種策略，殊無定論。正因爲最佳的演化策略不一而足，所以我們會在現實社會中看到許許多多的生命樣態，成就今日的生物多樣性。

我第一個關心的議題，當然與「人」所屬的生物大類（哺乳類）有關。關心並觀察與自己相似的物種，這也是一種定義特殊的「本土化」。一般而言，哺乳類的壽命平均都較長，比爬蟲、兩棲、昆蟲等物種活得都久。這似乎表示哺乳類把較多的能量放在保養身體。我們會好奇：爲什麼會這樣呢？爲什麼「哺乳」與「長壽」有觀察上的正相關呢？再進一步問，哺乳類有什麼特性呢？這些特性會不會有利於該物種往「長壽」去發展呢？

所謂「哺乳」，就是生物初生之際需仰賴母親之奶水而活。有許多哺乳生物（如人類、猩猩），都是在斷奶之後，子女還是無法自行存活，還得仰賴父母供輸很長的一段時間。父母在外採集狩獵，將食物帶回給子女食用，此時子女所食雖非母乳，卻仍然是父母所提供的營養。我們把此種父母對子女提供的食物（包括母乳在內）與支援統稱為移轉（transfers），而子女仰賴父母移轉而存活的時間，稱為「倚賴期」。一般而言，如果子女在倚賴期間父母突然死亡，則這個子女由於本身沒有謀生能力，自己能夠存活的機率也會很低。因此，如果某個物種的生存樣態是子女有極長的倚賴期（或父母提供極長期的移轉），如哺乳類這樣，則這些子女的父母最好是「活久一點」，否則其子女也將因失去倚靠而死亡，這將不利於物種之適應度。換個角度來看，如果某物種的子女有很長的幼年期，但父母的壽命竟然不長，則其子女夭折的機率就會升高，不利於其天擇，這類物種能夠在演化壓力下留存下來的可能性也就甚低。總而言之，運用經濟學的分析，我們可以建立一個「幼年依賴期長的物種通常壽命也較長」的命題。這在生物學界確實是個創新的推論。

順著這樣的邏輯往下推演，我們還可以解釋若干哺乳類的其他特質。例如，科學家發現，人類「停經」的現象在生物界極為少見，此種演化結果背後一定也有一些天擇的道理。所謂「停經」，是指母性生物停止排卵後還繼續存活一段期間。照理說，能夠在天擇環境中存活下來的物種，都是很能成功繁衍後代的物種。如果生物做不好這項工作，久而久之其後代就會日漸稀少，他們也就漸漸會被天擇所淘汰。母性生物停經後即不再排卵，表示不能再繁衍後代，她的存活對於物種的演化就沒有好處。因此，停經的母性生物從天擇的角度來看「根本沒有存活的價值」，所以生物界不應該出現停經這種現象。但是科學家後來又發現，其實生物不見得要自己繁衍子孫才算是對演化有貢獻。事實上，許多生物的祖父母雖然沒有生育力，但他們仍然有能力照顧孩子、看守洞穴、幫忙維持秩序，這些也都是貢獻。正因爲子女有祖父母代爲照顧，年輕力壯的父母親才得以有空閒去專心狩獵採集。於是沒有生育能力的祖父母，事實上是透過「幫忙家庭後勤」的方式，間接幫助年輕父母的生育重任。正因爲如此，「停經」的祖父母仍有繁衍的價值，因此停經並不會在演化中被淘汰。

這樣的知識你以爲只是生物學家的貢獻嗎？錯了，作爲社會科學的一支，人類學家其實也有相當的貢獻。凱布蘭花了許多時間在中南美洲的原住民部落做田野調查；他針對最原始的採集狩獵民族，觀察他們的生育、覓食、燒飯、製具、顧家等行爲，做詳細的記載，以確切掌握父母親與祖父母的角色。他的資料證實，祖父母確實是專精於顧家雜務，而年輕父母確實是專精於生育覓食。這些生育數據也顯示，如果祖父母死亡而這些工作全部丟給年輕父母親一手包辦，反而將減低成功孕育子女的機率。生物學者傅蘭（E. Voland）等人甚至在二〇〇五年寫了一本《祖母學》（*Grand-motherhood*），專門解釋祖母對生物演化的功用，內容十分有趣。

如果你覺得以上的故事你還可以接受，那麼再讓我進一步提出一些更瘋狂的跨領域觀點。生物學家凱瑞發現，其實全世界眞正有停經現象的物種只有三種：一是人類、二是海豚、三是殺人鯨。這三種物種有一些共同特性，就是長壽、智商高、群居，而且有跨代之間的分工。例如鯨魚就是在父母外出狩獵時，由祖父母負責照顧子女，這就是父母與祖父母之間的跨代分工。一談到分工，經濟學家興趣就來了；經濟學之父亞當斯密的國富論，就有極大的篇幅是在討論分工。我們想問：這分工與停經有什麼關係呢？如果沒有停經，分工會不會產生什麼困難呢？把「分工」和「停經」扯在一起，你會不會覺得有些不可思議呢？

依據生物學家的說法，生物的演化，隱隱然是在順遂其基因的繁衍：基因繁衍越是順利的物種，其存活的機率越高，演化得也就越成功，道金斯（Richard Dawkins）稱爲自私的基因（the selfish gene）。但是生物若是兩性繁殖，則一半基因來自父系，一半來自母系，故繁衍需要考慮基因的稀釋問題。如果某甲面前有兩群後代，一群與某甲的基因較爲相近，另一群較遠，則物競天擇的某甲理應對前者好一些，因爲那樣才會最有利於相似基因的繁衍。

現在，我們假設鯨魚沒有停經這回事，於是祖母鯨魚仍在生育後代。因此，在任何一個時點，海域中可能同時存在兩種鯨魚，其一是祖母的子女，其二是祖母的孫子女；前者與祖母的基因相似度爲二分之一，而後者與祖母的基因相似度爲四分之一。當年老祖母鯨與年輕父母鯨進行分工之時，往往是父母外出狩獵（趕魚群回來，大家一起大快朵頤），祖母在家照顧幼小。如果祖母沒有停經，則如前所述，幼小子女中有一些與祖母較親，有一些與祖母較遠。我們已知祖母的自私基因會使她「偏心」，多照顧與自己較親的親子女，而疏遠與自己較遠的孫子女。如此，則孫子女遇到危險的機率也就較高。年輕父母若是預知祖父母可能有此差別待遇，也許就不敢放心外出狩獵了。此處的關鍵是：當年輕父母外出時，他們看不到年老父母的照顧行為，所以只好用自私心去「度年老父母之腹」。於是，原本有利的跨代分工，就在這種資訊不對稱（asymmetric information）的情況下，被犧牲掉了。咦？資訊不對稱，這不是經濟學嗎？

分工不遂，怎麼辦呢？演化的力量是很大的。如果鯨魚發生一種基因突變，使原本因資訊不對稱而做不到的跨代分工，竟然可以做到了，那麼這種突變基因就有助於鯨魚的繁衍，也就有更大的機會打敗其他未生突變的基因，而在天擇的環境中留存下來。是什麼樣的突變有此功能呢？停經。年長的祖母一旦停經，就給年輕的父母親傳遞一個訊息：「你們看，我是不能再生小孩了，所以子女群中可沒有我的孩子，只有你們的孩子、我的孫子女。這些孫子女與我的基因都是四分之一相同，我會對他們一視同仁，不會偏心。所以，你們放心去狩獵吧；我幫你們在家看孩子，回來之後分些食物給我就好了。」換言之，「停經」傳送了一個訊息（signal），讓祖父母與父母之間的不信任得以消除，二者之間的分工得以完成。所以說，停經之功能大矣哉。以上的故事是「資訊經濟學」的範疇，經濟學家大都耳熟能詳，只是沒想到人類的經濟學竟然能夠在鯨魚與海豚演化中扮演角色。

如前所述，對所有的生物而言，他們若要在大自然中適應天擇的競爭，都需要將其能量在生育、保養、成長三方面做適當的配置。自然界中生物最大的目的就是繁衍後代，因此生物也該竭盡所能「保障」其繁衍能力。例如，假設黑猩猩八歲時生殖能力達顛峰，那麼他們八歲時對應的存活率就應該最高，否則若是在繁殖力的顚峰亡故，對於該物種的存續損失極大。同理，如果黑猩猩的生殖力在九歲以後漸走下坡，那麼存活率也就會逐年下降，否則也是另一種浪費，因爲較低的繁殖力只需要較低的存活率予以保障。以上的敘述對於所有的生物都是正確的，所以演化生物學鼻祖漢米爾頓（W. D. Hamilton）早在四十年前就指出：「生物的死亡率應隨其剩餘繁殖力之下降而上升。」這就是一般所謂的「老化」（senescence）。

可是對於哺乳類等父母對年幼子女移轉頗多的物種而言，影響老化的因素卻又多了一項。漢米爾頓的推理只能解釋已經成年、具有生育繁殖能力的死亡率，卻不能解釋未成年、未具生育能力的死亡率。以人類來說，其新生兒的死亡率頗高，然後逐年下降，至成年達到谷底，然後死亡率才依漢米爾頓的法則逐年攀升至老年。爲什麼哺乳類的嬰兒死亡率都偏高呢？其中有什麼演化的道理呢？我們發現，這裡的生物學知識不多，卻都是會計、保險、成本效益的簡單計算。

假設新生嬰兒的體質不佳使其死亡率高，那麼父母親大不了再懷胎、再生一群小孩，其對族系繁衍的傷害還不算大。但如果這些不佳體質要拖上十年才出現，則父母親得花十年的移轉、照顧、教導，才面對孩子的亡故，那麼這十年間的移轉、照顧就形同白費，對父母而言能量損失過大。因此，對於跨代移轉量極大的物種而言，小孩子「最有效率」的發病死亡模式，是「早發現不對勁、早些發病、早些死亡」，而不要拖到後來。簡言之，如果人類的幼年期有十五年，則對父母而言，最浪費的死亡模式是「十五歲死物競天擇會逼迫物種選擇最節省、最有效率的競爭模式，因此最後存活的哺乳類，一定具有隨年歲遞減的幼年期死亡率形態，即年幼時死亡率高，剛成年時死亡率低。這樣的結論全屬成本效益分析，卻已得到生物學界的肯定。

以上這些故事，都是社會科學在生物學的應用與發揮，這些知識說出來之後都平淡無奇，但最初會想到把經濟學問如此應用的，卻是個詭異古怪的嘗試。老實說，人類的知識往往就是在這種胡思亂想的架構中逐步建立的。

最後，讓我講個故事，作爲此信的結束。我大學念台大商學系，部分商學系老師其實教的並不好，但是當時大學聯考就是以分數高低選填科系，學生常常迷迷糊糊就塡進來了。大學教管理的老師是中華民國第一位管理學博士。大凡聽到中華民國第一個博士，一方面肅然起敬，另外一方面其實也滿害怕的，因為他永遠都在教他讀博士時的舊學問。老師有次上課問了一個問題，要大家都站起來回答，他說：「企業要怎麼樣才能夠好？」就叫某甲回答，某甲說：「要注重人事，人事升遷管道要順暢。」他說不對，某甲就罰站。叫某乙回答，某乙說：「會計的內部控制要靈活。」又不對，某乙也罰站。再叫某丙，某丙回答：「組織結構要調整。」一個一個都不對，全班五十個人都快站滿了，每個都不對。最後他宣布答案：「企業要怎樣才會好呢?就是要使好人能出頭。」你想想，這種東西為什麼可以有標準答案?老師點名問問題，一混又是一節課。台灣學生的創造力，就是在這種「標準答案」的氣氛下，給漸漸抹殺了。

你喜歡胡思亂想嗎？你不希望被「標準答案」所拘束嗎？如果答案是肯定的，恭喜你，也許你有些知識探索的慧根喔！

第六封信

勇敢走向國際

所有的知識探索都多少會有成果，而所有的成果都會以某種形式發表出來。對若干學門而言，知識探索牽涉到「國際化」與「本土化」的爭議。我們先把問題點出來，再細論其觀念。

李登輝前總統在一九九八年七月六日第二十三屆中研院院士會議開幕致詞中表示，中研院「未來不但要朝國際化發展，也要落實本土化。……在國際化方面，應積極投入學術研究主流，強化國際合作，與國際學術同步前進。在本土化方面，則要由本土經驗出發，豐富研究內涵，帶動社會發展，營造更美好的家園。」李總統的致詞會後引發正反兩極的反應。有些院士們表示贊成，但前院長吳大猷則指出，學術應該不要特別強調本土化；「過度強調本土化，跟關起門來做皇帝沒什麼兩樣。」

其實關於學術研究本土化與國際化的路線爭議，不是自李總統之院士會議致詞開始；早在一九四〇年代，就有若干社會學門的研究者，對學界大量引用外國材料、廣泛套用外國模型不滿。但是不滿歸不滿，卻未能蔚為本土化的風潮。眞正掀起學術研究本土化巨浪的，大概要從一九八二年中研院民族所舉辦「社會及行爲科學研究的中國化」開始。爾後十餘年間，國內外陸續舉辦了多次有關學術本土化的研討會或專題。由於投入者衆，且不乏國內學術界重量級成員，故能使這股本土化的旋風持續不墜。一直到一九九四年七月，中研院院士張光直先生提出相當不同的看法之後，「本土化」的爭辯又重新成爲爭論的焦點。

我們在前章中已然論及：自然與生命科學的研究，其研究對象是比較生硬的自然、生物現象，注重抽象理論之描述與刻畫，與「人」以及「人組成的社會」不必然有多少關係。但是人文社會學

者研究的是人與社會，取材的對象與知識體系的建構都不是以抽象的概念為標的，而是以具象的人文社會觀察為根基，因此，很自然有「本土」的問題。我們先用兩個極端的例子做解說，再看地位居中的社會學門。先看物理學：牛頓力學也好、愛因斯坦廣義狹義相對論也好、量子力學、奈米科學等等，都是放諸四海皆準的純科學，不但新竹、台南的力學沒有差異，亞洲與世界之間更是沒有科學界線；這本是「尋求法則、規律」的科學特色。因此，對物理、化學、數學等學門講究地域或本土，那是無聊透頂。如果某人常以「本人在台北市大安區龍坡里物理學第一」為炫耀，其意義不僅有限，更有關門做寨主的狹隘心態。另一個相對的極端則是殷商考古。殷商文化重心大約就是在當今中國河南一帶，相關的文化研究大都要倚賴附近出土的龜卜與器皿，所有的記載也都是以中國古文字為之，這一方面的研究當然是華人社會比較關心的，著作也是華人閱讀者多。在這種情況下要推動或強調國際化也是相當勉強；研究甲骨文的著作如果要求以英文或德文發表，那也是無聊透頂。一般而言，所有的人文題材或多或少都有地域的特色，其內涵也有多元的本質，原本即沒有「國際化」的條件。

對於恰處人文與科學之間的社會學門，難免就產生一些兩難。一方面，社會現象的觀察、構思往往是來自於治學者現處之社會，因此在議題的形成、醞釀階段，當然會有本土的特色。但是在另一方面，許多社會學門的研究也希望能夠建立一些規律與法則，其中當然就有一些「科學」的影子。既然是科學規律，也就希望這些規律不要太受地域局限，能受到更為廣泛的嚴格檢視，這就是「國際化」的期待。大致而言，許多社會學門的知識建構都可能兼具本土

觀察醞釀、國際規律檢證的雙重特性。也因此，才有社會學門本土化與否的爭議。

台灣社會爲什麼會在一九八〇年代發起社會科學本土化的運動呢？大致說來，這個運動是對當時社會學門研究者一古腦盲目「西化」研究取向的反動。依據楊國樞院士的觀察，台灣的心理學者長期認眞地以西方（主要是美國的）理論、概念、方法及工具來研究台灣本土的社會現象與民衆行爲，但卻飽嘗格格不入的長期挫折與痛苦。這些學者習慣性地以爲西方社會學者所建立的理論規律，也必然適用於東方社會，再進一步將華人社會的觀察或資料，機械性地套用在西方模型之中。這樣的盲目套用，自然會發生扞格。但是這種可能緣起於文化差異的扞格，卻往往不能受到國際學者的重視。於是，本地學者久而久之自然有其挫折。經過反省，推動本土化的學者認爲要採取不同的知識建構策略，在消極方面突破對西方（特別是美國）理論與方法過分依賴的積習，在積極方面則創造合適而貼切的新理論與新方法，以充分而確實的描述、分析、理解及預測本土的社會現象與行爲。

另外一種提倡本土化的說法，大致是要「對抗」西方學術社群主宰知識發展的霸權。他們認爲，西方國家居於學術主流地位是一回事，但是透過留學、用西文教材、主流學術期刊的影響、學術認同與報酬的操控，對邊陲的學術弱勢國家形成一個「生機控制」機制，使本土學者亦步亦趨的跟在主流學派後面走，「疲於奔命」卻追不上主流的發展，因此必須反擊。要糾正這種依賴心理，則有必要打破向中心學術社群認同的報酬和地位界定格局。除此以外，也有人以反對「唯科學論」的立場來主張本土化。他們認爲，社會學門的發展晚近皆以美國為主流，而美國又以實證學派的社會科學為主，講究客觀的經驗與因果分析。然而孔恩（Thomas Kuhn）與哈伯瑪斯（Jürgen Habermas）等人晚近均指出，實證學派的知識只是人類知識的一種；以實證學派為主的美國主流學派，忽視了詮釋學派與批判學派的挑戰。既然主流學派的知識本身即有缺陷，我們當然就沒有理由一味跟著有缺陷的主流趨勢走。我們在此不願捲入科學哲學的辯論，因此暫時不對前述「唯科學論」的爭辯做討論。

要怎麼做才算是學術本土化呢？學者指出，本土化的判準就是「本土契合」，意指研究者的研究活動與知識體系，與被研究的對象之間產生契合。簡單的說，作為華人的社會現象研究者，我們希望所建構的社會學門知識，其觀察能夠源自我們所生長的社會，其理論能與華人的文化背景相契合，其成果也能夠在我們所貼近的環境產生共鳴。這樣與本土契合的知識建構，既能鼓舞研究者的投入動機，也能得到社會的接納，當然是最理想的情形。

回顧自己二十幾年來的研究，我大概算是社會科學領域中頗爲奉行「本土化」教誨的學者。早年我投入法律經濟的研究，即著眼於台灣所屬大陸法系與英美所屬海洋法系之不同。例如美國所有的刑事犯罪都是公訴，但大陸法系卻有不少輕罪是容許被害人「告訴乃論」，爲什麼會有這樣的差別？歐美的執法嚴格度通常頗爲穩定，但是台灣卻每隔一陣子會推一次「交通大執法」，突然嚴格取締交通違規，這又是什麼道理？歐美早有認罪協商（plea bargaining）的制度，但是台灣到二十世紀末才開始引入這樣的觀念，究竟其中有何利弊取捨的考量？對於傷害與毀損這一類同時牽涉民事與刑事的案件，歐美的民、刑訴訟永遠是分開的，但大陸法系卻容許「刑事附帶民事」的合一訴訟，這又是為什麼?諸如此類的法律研究，都是不折不扣「源自本土觀察」的研究。

雖然我絕大多數的知識建構都是築基於本土觀察，堪稱符合「與本土契合」的要件，但我始終不認為本土的研究就一定得放棄國際，也根本不認為本土化與國際化是學術研究上互為對立的面向。換言之，主張本土化，卻未必表示反對國際化，反之亦然。我承認盲目追求國際主流而放棄本土關懷是不對的，也認為國外的既存模型，未必與本土的環境與理論架構相契合。因此，做為華人社會學門研究者，必須要對西方的所謂主流保持戒心，也不可一味地想把西方的學說「套用」到本土社會。如果不能保持這樣的戒心，那麼確實就有自甘於「學術邊陲」的危險，不但喪失了社會文化的反省能力，甚至也喪失了主體性，殊不足取。

我雖然贊成契合本土的研究，卻也能察覺廣大國際學術社群的優勢。依據個人的淺見，至少國際學術界可以對本土研究做嚴格的檢證。即使我們同意歐美主流學派大多數的學者是「唯科學論」的實證學派，即使唯科學論的實證學派有其知識論的局限性，即使主流學派所掌控的學術群體對於「非我族類」的學術作品或多或少有排拒，即使主流學派對邊陲學派有這麼多不平等的交易條件，但主流學派中世界級的學者對邊陲的學術發展至少有一點貢獻：提供一個嚴格的檢驗園地。

學術是有是非、有優劣的。雖然社會學門的各個學派時有門閥之見，但任何一份學術研究，都還是有邏輯是否嚴謹、文獻有否重大遺漏、實驗設計是否疏失、分析是否破綻百出、前後敘述是否連貫，甚至用字遣詞是否不當等非關價值判斷的問題。我們大概也都

同意，一篇錯字連篇、破綻百出，所論所述早已爲他人精闢解說了一百多遍的論文，即使它在題材結構上與「本土」有些契合，它也不是一篇好論文，對本土學術也絕少貢獻。學術論文與學術發展絕對要經過傑出同儕的檢證、批評、修正，才有可能成爲好的論文，長此以往學術成就才可能有所長進。

國際學術界即使對邊陲地區再不友善，但是無論如何確實提供邊陲學術圈一個開放的檢證環境。這一個環境是我們可以自由抉擇如何使用，也是淬礪成長的試煉場所。事實上，越是邊陲的學術園地，往往其本地試煉環境與主流學術圈的試煉環境相差越大，因此也越不宜輕言「孤立性」的本土化。總之，主流學術園地的存在不是沒有意義的，用西文撰寫的期刊或專書，也不是對台灣沒有參考價值的，無論如何我們必須承認這一項正面意義。

有些主張本土研究的學者，甚至認爲在自己論文的參考書目中引用《美國社會學評論》（*American Sociological Review*）、《政治經濟期刊》（*Journal of Political Economy*）等國際刊物的著作，是一種與西方學術主流靠攏的行爲；他們認爲本土著作即使少參照了若干西方著作，也不是什麼罪過。我不能認同這樣的看法。既然要參考前人文獻，就要盡可能涵蓋周全，本土與國際全不放過。如果追求本土化竟然可以合理化自己對國際文獻的遺漏，那絕對是自己墮落的行爲。如果再以題材之本土去合理化自己文獻參酌之墮落，那根本就是扭曲了研究的眞諦，更是不足取。

也有人主張，本土學者應該多用本土文字發表文章、撰寫著作，我也不同意這種「著作文字本土論」。如前所述，知識建構的過程中絕對少不了同儕的批評、檢證、修正，否則就難以成爲好的作品。因此，一件學術著作究竟該用什麼文字撰寫或發表，要看這篇著作所處領域的主要對話人口群而定。如果你寫唐宋詩、東坡詞，不用中文寫要用什麼寫？如果你研究緬藏語，而全世界緬藏語的權威多為俄國人，則你的著作就該用俄文寫，以便得到最多學者的批評。相反的，若有人明知黑格爾哲學研究者多為德國人，卻拚命用大多數德國人完全看不懂的中文去寫黑格爾哲學的批判，你認為這樣的寫作語言取擇是正確的嗎？因此，即使是語言學、哲學等人文領域，也不必然表示研究者有拒絕國際挑戰的理由。

再進一步言，有些現象觀察與理論建構確實有相當的本土意涵，但並不表示其意涵只局限於本土。新幾內亞食人族特有的疾病，若非延伸到國際觀察，也不會了解其與英國狂牛症病因的雷同。台灣語言學者研究原住民語，那當然是本土題材。但他們也發現，原住民語與太平洋島嶼諸多「南島語系」有密切的淵源，因此原住民語所代表的文化、社會、禮儀等面向，其實在世界上有兩億多人口的共通性。如此本土研究也就與國際研究連上線了。如果堅持只用中文撰寫台灣原住民語言的研究著作，豈不是減少了與兩億多人口南島語系研究者的切磋機會？

除了原住民語言之外，我們還可以舉更多其他本土銜接國際的例子。經濟學界陳昭南院士曾經分析清朝的銀幣與銅錢，這是一個相當本土的研究題材。但是一旦將銀與銅視為兩種錢幣，將視野拓展到「雙元貨幣體系」的研究方向與思維，那就具有較廣闊的一般性（如歐元與英鎊並存），因而受到國際學界的重視。張光直院士研究中國的考古，對他而言這也是一個本土題材，然而由挖掘到的中國古代鐵器延伸至文化緣起差異的理論，那就具有人類共通性，也得到國際學術界的重視。許多語言學者研究一些地域性語言，這顯然是本土題目。但若能從語言學與腦神經發展理論，探究不同地域語言發展的進程，那就具有人類共通性，也會有比較豐富的研究成果。此外，許多人研究台灣的經濟發展，如果我們把視野縮小在台糖養豬、台塑發電等細瑣題目，則當然是難以在國際學術界獲得認同。但費景漢院士將台灣經驗刻畫爲一雙元勞動體系，探索其間農工勞力的互動，即使是本土經驗，也會有豐富的一般性涵義，這就初具人類共通的特性了。簡言之，具有人類共通性的題材，即使是緣起於本土，在國際上也不會寂寞！

一個研究題材是否具有跨地、跨時的延展性，當然應該容許由其他地域的國際學者做判斷；這也是學術研究需要國際化的重要理由。如果愚昧的拒絕他人的檢證，堅持自己狹窄的相對價值，那對本土知識的拓展而言，反而是平白喪失了許多機會。

換一個角度來看，如果有一項研究在本土受到肯定但卻未能受到國際學術界青睞，其實未必表示國際學界有偏見。台灣由於學術人口不多，有時候少數十幾個人互相支持，也就能支撐一個本土研究。如果學術社群人口不多，那就有可能彼此浸淫在一個狹窄的題材而不自知。例如「康熙皇帝五十五歲那一年右手是否還能彎弓射箭」，這顯然是個沒有多少重要性的題材。即使有一群人遍翻古籍、推理嚴謹地做相關研究，但那樣的研究題材顯然缺乏人類共通性。我們多少總希望，本土題材所激發出來的研究主題，能有一些跨地域跨時間的延展性，其理論建構多少能超越本土觀察。如果一個本土研究題材嚴重缺乏跨地域或跨時間的延展性，其學術重要性難免也會受到局限。

總之，國際知識園地提供了一個嚴格的、非地域性的檢證環境，同時對學術作品的研究過程與研究題材作檢證。從積極正面的角度來看，國際化其實就是尋求更多的批評與檢證。那些一概拒絕主流學術檢證的方法論，在抵抗別人主觀見解的同時，也拒絕了別人的客觀批評。學術要提升，必須要經過他人（最好是比自己傑出優秀的人）的嚴格檢證。本土學者若是爲了免受外人主觀意見的左右而拒絕客觀的檢證，久而久之就很容易使人無法分辨他所言、所論的權威性與正確性。一個不受卓越同輩檢證、自我封閉的人，恐怕沒有理由說他自己一定是對的，也沒有什麼相對客觀性去批評主流學術園地。在台灣早年的某些人文社會刊物，我們看到太多不接受外稿、不送外審、沒有雅量接受評審意見、不做國際學術交流的墮落。學術本土化的自覺與自省，絕對要與這種墮落劃清界線。

中研院李遠哲前院長曾經講過一個故事：他有一次視察院內某個所，該所某研究員向他表示，他所做的研究是世界一流的（其實會講這種話的人，八成有些問題）。李院長問他，全世界一共有多少人在做類似的研究？該研究員回答：三人，一為其老師、二為其本人、三為其學生。李院長事後表示，這真是一次不可思議的對話。封閉性的本土化走到這個地步，真應該自慚形穢。

最後，我也要向年輕朋友提出警告，走向國際當然有助於自己面對挑戰、批評與檢證，但是不必諱言，也自然會使自己的知識探索歷程更為坎坷。依我自己的經驗，要將一篇本土醞釀的文章刊登在國際一流的學術刊物，其難度要比刊登在國內最好的刊物難上二十倍。但是不入虎穴，焉得虎子；若要真正建立本土社群屹立不搖的地位，多些磨練恐怕是免不了的。總之，本土化與國際化不是兩個互爲對立面的主張。二十幾年來，我的知識建構經驗是努力契合本土，但也勇敢走向國際。二十幾年來我從不害怕，少年仔，你又有什麼好怕的？

第七封信

虛心面對無情的評審

念大學的時候，其實對將來也沒有什麼規劃，只是懵懵懂懂的走一步算一步。當時你若問我將來想做什麼，我也講不上來，只能從各行各業的表象，大略說「這個職業好像不錯，那份工作好像很辛苦」。我們同學在校園經常看到悠哉游哉的教授，平時搖把扇子，好像淸閒無欲；學校配了幢平房宿舍，家居也能享蟬鳴鳥叫之樂；在校受學生尊敬簇擁，社會地位頗高；偶爾在報上批評時政，彷彿官商政要都不在他眼裡；考試出題收放在一念之間，操縱百千學生的生死存活；待遇尙稱寬裕，日子過起來還算小康；每年四個月寒暑假，出外旅遊或居家讀書好不愉快。一份工作眞要「錢多事少離家近，位高權重責任輕，睡覺睡到自然醒，算錢算到手抽筋」當然過癮。但那是笑話，在現實社會沒有這回事。能夠找到像教授這樣的工作，那可是眞不容易。

可是時代改變了。一九九四年大學法修正，在第十九條中明訂：大學教授的聘期分爲初聘、續聘、長聘三種，其細節則由各大學自行訂定。所謂初聘就是指新聘，一般美國大學初聘爲三年。三年之後如果這位教授表現不算離譜，就會給予三年之續聘。在總計六年期滿之前，學校會對這位教授提出長聘的審核。通常，這種審核會將教授的著作目錄與若干抽印本寄給校外國際知名的學者，請他們提供評估意見。如果審查通過了，該教授就會收到一張聘書，上面寫著聘期不限（indefinite period），白話文就是長聘（tenure）。以前美國各校還定有退休年齡，因此長聘就是聘到屆齡退休那一年，例如是六十五歲或七十歲。後來美國最高法院裁定不可以年齡做爲強制退休的指標（是之謂年齡歧視），於是長聘就可以依法一直聘下去。有時候教授實在已經到了年老力衰，耳不聰目不明的境界，卻未能自覺而急流勇退，此時學校就只能用種種利誘威逼的方式，讓教師自行引退。例如，學校可提出優惠的退休年金，讓教授喜出望外，高高興興回家「算錢算到手抽筋」。就威逼而言，學校也可以調整課程、調整教師研究室的位置，讓教授感到失去重要性，不得不退休。

前述長聘是知識探索過程中最重要的一次審查；其他大大小小的審查更是不計其數。前文提到，知識探索的成果都需要別人的認可、鑑定，這鑑定過程當然也是一種審查。任何人走上知識探索的旅程，一生中經常得經歷上百次的審查，面對近千位評審。如果心理建設不良，當然就會備感挫折。

無論如何，在長聘制度下，一般教授大概在入校六年到十年之間，就會被判定是否能在該校待下來，而前述長聘的審查，則是判定結果的關鍵。知名大學的長聘審查，通常要寄出去十份左右的審查函，請專家對此受評者表示意見。一流的大學會問評審者，此人在其研究領域是否已經做出國際知名（internationally renowned）的學術貢獻。次一級的大學，也許將字句略微修改，而問是否做出廣受肯定的（well-received）學術貢獻。言下之意，即使不是國際知名，在學術上廣受肯定也就可以了，標準自然放寬了一些。

當這些外審的十幾份意見書回覆收齊之後，系裡就得開會討論。有幾點特別值得注意：首先，外審的回覆格式有時會讓評審勾選「強烈推薦」、「推薦」、「不推薦」等等；評審勾哪一格固然重要，其文字內容更爲重要。有時候評審說：「由這些數量極多的著作，我們發現受評人的研究頗爲賣力（hard-working）」，卻未實質提及其作品的貢獻內容；這種評審意見即使勾選推薦，也算是負面的。學術界最重視的就是創新見解，而不是苦力投入；當某人被描述爲「賣力」，通常是客氣的貶抑詞。除此之外，若評審說此人的文章有趣（interesting），往往是指沒有深刻的學術內涵；說中年人「仍然很有潛力」，其實是暗指他現在仍未證明其能力；說「我不很了解ＸＸ的敘述」，未必是評審員的不了解，而是批評此文不具邏輯說服力，以至於讓他不能了解；指出「若能在ＸＸ方面略做些改善，文章將會更形重要」，恐怕是在批評文章其實沒有重要性。類似的字裡行間之意都是學界的禮貌與文化。如果我們把「文章有趣」的描述誤解爲評審員的覺得有趣，那就大謬不然了。

其次，當有若干評審意見相左時，我們通常會較爲重視負面意見。爲什麼大家會在意負面意見呢？評審雖然大都是匿名的，但學術界難免還是有些鄉愿氣氛；願意提供負面意見的人總是比較少。

此外，學界中人也經常在研討會中碰面、交談、詰問，彼此的觀點大家都了解；若是在評審意見中提出負面意見，也有被對方識破身分的可能。因此，有些教授如果對受評人眞的有意見，他們就乾脆拒絕評審。所以，不但負面的評審意見系裡會特別重視，如果某案件有頗高比率的評審拒評或根本不回函，對於該評審案件恐怕也是負面的訊息。

通常，學系的長聘審查是由已經具長聘資格的教授爲之。他們檢視案件的回函比率與回函內容，辯論其間意見差異，最後則進行投票。在此也要特別提醒讀者，長聘或升等的投票可不是簡單多數決；如果有不算太少數（a significant minority）的教授投下反對票，則即使總票數過半通過，系主任也不會把案子送到院裡去，因爲他知道，案子送上去學校也不會通過。校方通常會組成常設的學術委員會，對系裡的長聘案或升等案一一檢視，更會睜大眼睛看那些系裡有顯著雜音的個案。因此，除非個案能得到絕大多數系裡老師的支持，否則長聘案成功的機會是不大的。這與台灣若干大學用簡單多數法則評估案件通過與否的作法，差別非常大。

如前所述，由於新進教授在入校六年到十年之間就要面臨長聘審核，因此這幾年期間大都是教授拚命做研究的歲月。他們拚命讀、拚命寫、拚命跑電腦、拚命實驗、拚命投稿，就是希望能在短短數年之間，能有重要的發表，累積出自己internationally renowned的學術聲譽。世界一流大學的教授在最初六年拚長聘的期間往常是夜以繼日的工作，甚至有不少學術界朋友也在此期間鬧出家庭糾紛。

學術界想發表文章或出書者衆，但是學界頂尖的期刊或出版社卻寥寥可數，於是競爭激烈自不在話下。經濟界最好的期刊《美國經濟評論》（*American Economic Review*）的退稿率在二〇〇五年達到百分之九十二．八；社會學界的頂尖期刊《美國社會學評論》同年爲百分之九十一．四二；而《美國政治評論》（*American Political Science Review*）則爲百分之九十三。自然與生命科學界的著名期刊《科學》（*Science*）與《自然》（*Nature*），出刊頻率頗高，前者每月一期、後者每週一期，版面雖然很大，但退稿率據估計仍有八成以上。爲什麼學術刊物退稿率這麼高，接受率這麼低呢？那是因爲全世界所有該領域的學者都想要在那份頂尖期刊發表文章，因此有許多一流文章都蜂擁而至。由於期刊版面有限，退稿率自然是高得嚇人。尤有甚者，有些期刊還有金額頗高的投稿費，例如《財務經濟學刊》（*Journal of Financial Economics*）每投稿一篇文章送審，要繳美金五百元的投稿費，幾乎像是錢坑。面對這麼高的投稿費門檻，投稿者若不是對自己的文章有幾成把握，也不會冒死前來送錢。但即使如此，該期刊的退稿率還是高達接近九成，可見學界競爭之激烈。知識創新的競爭激烈，學界的進步自然也就不在話下。

學者投稿到任何一種具有學術公信力的期刊，其所面對的處理程序都是大同小異的。主編收到文章，大略讀一讀其摘要，就會把文章交給一位副編輯處理，或是自己處理。當然，少數期刊也訂有初審制度：當主編發現該投稿論文明顯的不符水準，或領域與期刊宗旨明顯不符時，主編也可能逕予退稿。假設副編輯甲收到主編交派處理的一篇文章，他通常會在學界尋找若干位（通常二至三）評審，寄交審查。審查程序快則一至二個月，慢則可以拖上一年。當副編輯甲收到足夠的評審意見，就會閱讀彙整這些意見，而做出編輯決定。這一類的初審決定概分四種：接受、建議小修、建議大修、退稿。學術界幾乎不曾發生第一回合初審就接受刊登的；即使文章再好，也要吹毛求疵的要求修改一番。若是建議小修，表示修改後接受的機率不小；若是建議大修，通常不能保證文章修改後的下場。一流期刊有極高比率的文章第一回合初審就退稿，當然表示這些文章似已「不堪修復」。

學術界期刊有這麼高的退稿率，通常與匿名審查有關。所謂匿名審查，表示作者看不到評審的名字，至於評審是否能看到作者的名字，則各期刊運作的情形不同。由於期刊保護評審之匿名，所以評審可以毫無顧忌的提出批評。但評審對於期刊編輯並非匿名，他們為了顧及自己在編輯群（通常是在學術界頗有影響力的人）面前的聲望，當然也會盡責地做好評審任務。此外，由於評審是匿名而處於暗處，而作者處於明處，通常作者也就必須要謙遜一些，以免吃悶虧。你或許會覺得這樣的「敵暗我明」之勢，豈不是對作者太不公平了?.這就牽涉到心態問題了，而台灣的學者最欠缺的心理建設，即在於此。

有些學者以爲，投稿人與審稿者是「對等」的，他們是處於「對話」的狀態，其實不然。坦白說，如果審稿眞的只是一種對話過程，那麼乾脆把評審曝光，何需匿名保護?.對投稿人而言，文章刊登與否會影響他們升等、長聘、加薪，所以文章刊登對他們而言是利害攸關的。但是對評審者而言，除非這篇文章直接把評審罵得一文不值，否則文章刊或不刊，對他們而言是中性的。各位想想，是利害相關的比較中立客觀，還是無關利害的人中立客觀呢?.既然雙方的客觀性明顯不對稱，自然就不是對等的關係，也就不能從「平等對話」的角度去理解投稿人與評審者。同理，在教師做長聘或升等評審時，升等人與評審之間也不是對等的，評審也沒有與被評審人「對話」的義務。

當然，評審也是人，他可能有偏見、有私心、沒看懂、早上和別人吵架而心情不好，這些都會讓評審意見產生誤差。但是不要忘了，一位評審之外通常還有另一位評審，而兩位評審之上還有編輯，他們都還有平衡偏頗的功能。有一回，我投稿到世界頂尖期刊，編輯不知何故只送一位評審。這位評審說我的文章「是該領域少見的重要貢獻」，但是編輯羅森（Sherwin Rosen）硬是把它退稿。我寄信問他，爲什麼唯一的評審意見爲正面，竟遭到退稿的命運，他回信道：「我如果不能與評審意見相左，我就不做編輯

了。」（If I cannot disagree with the referee, I would stop being an editor.）態度強悍，不提供任何說明，只表示他的決定他負責。羅森還與我小有交情，我們彼此常通email。他對我如此冷酷，可見期刊審查之六親不認。

還有一回，我投稿至另一頂尖期刊，兩位評審，一正一負。事前，那位正面評審訪台，因爲巧遇到我，就主動告訴我說那篇文章如何如何之好。這正面評審其實是貝克，是諾貝爾經濟學獎得主。我心想：文章被諾貝爾獎得主誇成這樣，應該是十拿九穩了，心中在竊喜，正打算燃放鞭炮慶祝，赫然收到該期刊主編的退稿信。我還是不甘心，又寫了封信去詢問爲什麼那位正面評審的意見不予採信呢？編輯回信也是一樣強悍：「本刊程序嚴謹，未見重大瑕疵，歡迎以後繼續支持。」最後再加上一句刻薄的話：你的質疑我看到了，但「所幸本刊並非壟斷。」（Fortunately, we are not a monopoly.）意思是：不爽，就投到別的期刊啊！看到這種信，也是讓我足足氣上好幾天。但是事後想來，這審稿退稿的或有誤差，本來就是學術界運作規則的一部分，就像王建民投球，主審可能判錯好壞球一樣。只要期刊沒有因爲性別、種族等其他理由而惡意退稿，那麼當事人實在沒有辦法抗辯——因爲投稿人與審稿者原本就是不對等的。

也許你會問，期刊這樣不是會犯錯嗎？他們犯了錯要怎麼糾正呢？是的，期刊會犯錯，但是他們若有犯錯，也輪不到投稿人糾正。學術界常有遺漏好文章，誤登錯文章的案例。但是學術界的是非有時候也不是十天、半月就能弄清楚的，有許多錯誤甚至作假的文章，都要經年累月才被別人發現。如果一位主編誤刊了一篇文

章，事後這份期刊的名聲就會下滑，由期刊本身承擔文章品質的後果。這就像：若是某理髮師技術不好，顧客很難以髮型不滿意爲由而要求退錢，但長期而言，理髮師「作品」的口碑就會流傳，而品管不佳的理髮舖，就會在競爭壓力下關門大吉。

這樣的不公平常發生嗎？可以這樣說：例子不少，但確切的比率則不詳。史丹福大學經濟研究所一位研究生曾經寫信給許多大牌經濟學家詢問他們「被期刊退稿的經驗」，結果出乎意料的，回函率頗高。這位研究生發現，許多知名經濟學家竟然有駭人聽聞的退稿經驗。諾貝爾獎得主魯卡斯（Robert Lucas）的成名作被美國經濟評論退稿；另一位諾貝爾獎得主史賓斯（Michael Spence）著名的傳訊（signalling）論文，被排名前二名的兩份期刊退稿，第三次投稿才被接受。前述兩篇被退稿的論文卻都是他們日後拿諾貝爾獎的重要作品呢！還有一位克拉克獎得主克魯曼（Paul Krugman）更誇張；他說他即使在拿了克拉克獎，聲名大噪之後，每當收到期刊編輯寄來的信，手都還會發抖呢，可見其心情之緊張。也許年輕人可以這樣安慰自己：既然諾貝爾獎得主也被退稿，克拉克獎得主也會發抖，我們是否可以用平常心去看待投稿、退稿呢？

學者漢莫須（Daniel Hamermesh）曾經寫過一篇文章，向年輕學者簡介期刊投稿的禮儀，刊在 *Journal of Economic Perspectives*（一九九二），非常值得年輕朋友參考。他告誡年輕人許多事，例如假設期刊要求修改，千萬不要放棄而改投他處；投出去之前千萬要逐字逐句檢查一遍，千萬不要送出去一份缺行漏字的稿子；當被退稿時，千萬不要向編輯抗議，因爲這種事通常既沒有用，也容易在氣頭上得罪人；對於所有評審的意見，要設身處地的著想其出發點，

並予以禮貌的回答，千萬不要掀起無謂的爭辯；所有的文章修改要力求一次周全，因爲少有編輯會容許一而再，再而三的重複修；不要輕易拒絕期刊請你審稿的要求，因爲那樣有欠學術社群一分子的參與義務。讀者若有興趣，可以把這篇文章下載閱讀。雖然它是針對經濟學領域而寫，但是我相信在各個學科領域，情況不會差太多。

對於自然生命科學而言，絕大多數的重要學術成果，都是發表在期刊。但是對人文領域而言，大多數的重要學術貢獻，卻是以專書的方式呈現。有些社會學門的研究兼具人文與科學的特質（例如語言學、考古人類學、社會學），因此其著作也常有以專書發表的情形。期刊論文通常較短，主題較專注，而專書則較長，涵蓋面向較周全。由於人文的學問原本就比較難切割，又牽涉到不同角度的觀察與詮釋，因此比較可能寫出「大塊頭」的作品，自然也比較適合以專書的方式出版。大致而言，以外語出版的專書還是有投稿、審稿的過程，只是此時的審稿者不是期刊主編，而是各大出版社的主編。這些出版社也與期刊一樣，有學術聲望的差別。一般而言，牛津、劍橋、哈佛、ＭＩＴ、芝加哥、普林斯頓等大學出版社，都有望重士林的學術分量，專書若是由他們出版，通常會有極高的聲譽。如果年輕學者想以專書的方式發表作品，當然與期刊一樣，也應取法乎上，瞄準這些頂尖的出版社，做為投稿對象，此事細節大致與論文投稿沒有什麼不同，在此也就不再贅述。

總之，每位年輕從事知識研究的人，都難免要遇到正面或負面的評審。每個年輕朋友必須要有面對負面評審的心理準備，以健康、上進的心態接受他人的尖銳意見與批評。海納百川，方能成其大。動不動想與評審對話甚至「對批」，其實是極不成熟的心態。年輕朋友若要踏進人文社會知識探索的領域，必須要先做好這一層心理建設。

第八封信

理解「學術市場」的運作邏輯

早年台灣社會科學學術界的日子是挺好過的。在國外拿到博士學位，回國就立刻從副教授或副研究員起聘。如果一切順利，最快在三年後就能提出升等教授的申請，把自己三年前博士論文的架構修改拼裝一番，再加上一些台灣的數據資料，寫成一篇代表作，投稿到自己學校所主編的期刊發表，升等也許就能通過。也有教授是用「專書」升等；但是由於國內學術專書出版的環境不成熟，幾乎沒有審稿的制度。若干教授的所謂專書出版，是交給「學校側門對面」的印刷廠去處理；幾乎是本週交稿下週書就可以上架，但是卻乏人問津。出版與升等如此鬆散，日子當然好過。

前述這好過的日子，其實倒不能怪罪教授本人，而多少與市場的供需有關。早年學術界擁有博士學位的人數甚少，在供需法則運作之下，這些博士教授顯然是奇貨可居，整個大環境也沒有什麼升等或研究的壓力可言。但是隨著八〇年代返國的博士人數漸多，學術界的供需環境逐漸產生一些改變。博士學位不再稀有，而教授需要有研究表現才能升等，也漸漸成爲趨勢。一九九四年大學法修改，將教師分級增加，於是新進博士只能從助理教授起聘，升到教授需要兩次升等評審，比以往增加了一關，難度自然也提升了。

新大學法也規定，教師可以有長聘制度，這表示對於表現不好、拿不到長聘的教授，學校可以解聘。雖然大學法二十多年前即允許大學訂定解聘辦法，但對於「解聘同僚」這種傷和氣的事，台灣社會只能慢慢地改變，絕非一蹴可幾。慢歸慢，各國立大學升等、續聘的評審還是日趨嚴格，其所引發的風波也就日漸增多。最常見的情形，就是升等或續聘未通過的教師向學校提出申訴或訴訟。究竟年輕教師或研究員該如何看待他們所面對的升等續聘環

境?究竟申訴或訴訟在學界扮演著什麼角色?以下我可以向大家略做解說。我們先從一則大法官釋憲案的背景說起,然後再討論台灣學術界觀念值得斟酌之處。

若干年前,成功大學某位教授提出升等,經該校初審總成積達八十八分「極力推薦」之特優標準;複審總成積亦達八十二分「特別推薦」之優等標準。其送請外校專家審查之代表著作,分別經三位專家審查結果,全部獲得通過。惟成大教評會最後以「無記名」且不具理由之投票方式,作成未通過升等之決議。另依成大教師升等辦法規定,教師升等須經成大教評會出席委員三分之二以上同意始獲通過。本案出席委員計十七人,該教授獲十一人同意,而成大作成未通過升等之決議。該教師不服乃向成大提出申訴,遭駁回之處分,隨後提出訴願、再訴願,皆遭駁回。此人續向行政法院提起行政訴訟，亦遭裁定駁回，乃聲請大法官解釋，前述裁定是否違反憲法對人民訴願、訴訟權利之保障。

大法官的判決意見指出，十幾年前，各公私立大學教授升等的最後審議權在教育部，故教育部對於各校升等個案，即有最終的同意或否決權；這是法律上所說的「公權力行使」。而後，教育部將這樣的公權力「下放」給各大學，授權各大學自行辦理評審。許多大法官遂認為，教育部讓各大學自行評審，是一種「公權力的委託」，因此應該適用「行政程序法」的種種規範，於是政府遂有介入的理由。大法官認為，升等能否成功，涉及人民的「工作權」，而涉及工作權之公權力行使，應該要範圍明確、其可否決定應附具理由、其推論要客觀可信、其過程要符合程序正義。怎樣才算客觀可信呢？大法官們指出，上級（校、院）評審單位除非能提出專業理由，否則應尊重下級（系、所）評審單位之判斷。此外，上級（跨院、所）所組成之非專業評審會，不應對當事人之專業學術能力以多數決做成決定。怎樣才算程序正義呢？大法官認爲，任何評審過程至少都必須要給當事人答辯的機會。就是學術界著名的「四六二號解釋」。

大致而言，四六二號解釋使許多學界朋友誤將升等視爲「工作權」之一環、誤將答辯或抗爭視爲「基本人權」，於是台灣許多大學處處是申冤之聲，校校有不平之鳴。且讓我們看些實例：中部某國立大學的一位教授告訴我，該校教授因升等不通過而提出申訴的比率極高，幾乎達三分之二，而其中經申訴審議而翻案成功的，亦幾達申訴者的百分之十左右。這些數字不是正式統計，也許不夠精確，但無論如何，台灣各大學與研究機構同仁提出申訴的比率，確實是遠比美國各大學爲高。依我向美國芝加哥、威斯康辛、普林斯頓、哈佛等名校教授的查詢，這些學校各系同仁因升等續聘不通過而提出申訴的，大約不及百分之一，申訴通過的比率當然更低；而最後提出司法訴訟的，恐怕不及萬分之一。台、美之間的明顯差異，值得我們思索。此外，北部某國立大學爲了滿足四六二號解釋中「給當事人答辯機會」的要件，要求提出升等的助理教授、副教授們在家「待命」，以便能立即由校評會邀請至會場做「答辯」，如此才能滿足「行政程序」的正義。我所知道的全世界知名大學，恐怕沒有一所有這種「升等教授在家待命面談」的荒誕怪事。

在概念上，我非常同意升等續聘處分應該容許當事人在窮盡申訴手段之後，能夠依法提出訴訟，尋求法律的彌補。我認爲比較有待斟酌的，則是四六二號解釋理由書中對「工作權」的詮釋。其實，升等還算是小事，長聘（tenure）或續聘審查才眞正會影響大專教師的去留，因爲一旦當事人續聘或長聘沒有通過，則立刻得離職。我在前文中提過，美國許多大學的長聘審查，各系往往要尋覓十封左右的評審信，才能提到系上討論。在獲得許多份評審意見之後，系內同仁即有充分的專業訊息，做爲投票決策的基礎。通常，美國許多大學並不採行簡單多數決；若是個案在系裡未獲七、八成以上教授的支持，這個案子往往是不會向校方提出的。因此，「大量的專業評審、充分的同僚支持」是聘審個案能夠順利通過的條件；這是美國知名大學的普遍情形。

造成國內學術界同仁申訴比率偏高的第一個原因，可能是由於許多同仁「不信任」現行的聘審程序。若干研究同仁或系所（尤其是人文社會領域），有時因爲其研究領域的地域或學派特性，而有

「評審難覓、共識難尋」的困擾。然而另一方面，即使我們承認學門學派特殊性的存在，也不能因此而否認「大量專業評審、充分同僚支持」的重要性，更不能輕易地將反對的聲音解釋爲門派偏見而不予理會。正因爲學術評審必然存有判斷誤差，我們也就很難在一案、一時、一次的評審中，尋得百分之百的絕對正義。國外許多大學對升等或續聘要十幾封評審信，部分原因也就是希望能減少誤差。

在此需要特別強調，學界比較擔心的誤差，是指「誤讓不夠資格的人評審通過」，例如誤讓不夠水準的二流教授待在一流大學貽誤一流的學生；這種誤差一旦發生，很難在制度上予以彌補。學界比較不擔心「誤讓夠資格的人評審不過」，因爲水準高的教授即使在甲校受到誤審，「此處不留爺，自有留爺處」，他仍然可以在乙

校、丙校等許多地方得到肯定，因此總會有其他形式的制度性彌補，這一點容後再論。

要建立台灣學術界對評審制度的信心，是需要時間的。我們需要一點耐心，不可能期望速成。理想的情況，也許是像美國許多知名大學一樣：大多數人都信服評審的公信力，也只有極少數的個案會提出申訴。在這種理想的狀態下，申訴制度其實是在保障兩類基本人權。第一類是要避免因爲性別、種族、宗教等歧視因素而造成的不公平評審；第二類則是要避免因爲學術主流壓制而造成「哥白尼」（因爲當時哥白尼的論點與當權者相異而遭到迫害）式學術人權的迫害。爲了要避免這兩類廣義人權的迫害，我們就要讓被拒絕的個案有申訴，甚至訴訟的權力。由於基本人權保障的「優先性」極高，所以我們希望它的概念要嚴謹定義，不應該有滿坑滿谷的人在認識不清的情況下，都說自己的基本人權受到了侵犯。如果眞有極高比率的申訴案與申訴通過率，這表示「正常」的評審簡直沒有作用，長此以往，則等於是在摧毀正規的評審制度。美國各大學只有極少數比率的個案會提出申訴，也正反映了這種「尊重正常評審、人權例外保障」的精神。

司法機關介入大學升等的運作，其切入點應該是在此類基本人權的維護，卻未必與所謂「工作權」有什麼干係。在此要特別指出：「能找到一份工作養活自己」也許可以視爲基本「工作權」，但「能在哈佛大學教書」卻絕不是政府所能保障、所應保障的權利。同理，「能上國民中小學讀書」是基本教育權，但「能上台大醫學院讀書」卻與教育權扯不上關係。

以上所描述的升等評審都是國外大學的情形，對台灣學術界而言，也許有人認爲「理想」了一些。有些學界朋友說，他自己的個案確實遭到打壓與不公平待遇，要求與評審者「公開辯明是非」。對此，我們也許可以換一個角度來看問題。我在前一封信中提到，我二十年前投稿期刊被退稿，向編輯表示異議，他的回答竟然是「Fortunately, we are not a monopoly.」當主編說該刊不是「壟斷」刊物，請作者改投他處時，其實是表示學術界有它的「市場」，這「市場」其實正是前文所述的「制度性彌補」，這觀念非常值得重視，也應該再加以闡釋。

當作者向刊物抗議時，其實也是一種申訴。然而即便評審對個案有些許誤解，作者仍然有相當機會投稿其他刊物；除非所有獨立編審的刊物都同時歧視一篇文章，否則並不會產生「哥白尼式」學術人權迫害的顧慮。正因爲如此，許多刊物都採取「匿名評審、有限答辯」的制度，不會讓一篇文章在作者與編審之間一再往返辯詰。總而言之。如果刊物只有一份，則「匿名評審、有限答辯」恐怕比較會有學術壓迫的考量。但若相關刊物有好幾十種，那麼擔負評審公正重責的，就不是單一刊物，而是整個學術界同儕（學術市場）。在經驗上，我們甚至可以說：每一個刊物雖然極力避免個案評審誤差，但結果卻一定有誤差，而且無法避免誤差。但是在「評審誤差」與「權益迫害」之間，其距離卻是非常大的。

此外，台灣的大法官認爲各校評審升等是一種「公權力的下放」，我認爲這也是他們觀念的錯誤。當教育部決定將是否准許助理教授、副教授升等這個行政權下放時，「下放」二字其實可以有兩種不同的詮釋：其一是單線授權（delegation），其二是多線分權（decentralization）。前者是指院長授權副院長或副院長授權秘書長之類。至於後者，則是將原本集中於某一行政機關的權力，分散給許多不同的當事團體（各大學）。若是如此，則由於當事團體的異質性，其決策、判準、評量等等自然有所不同，於是「行政處分」的單一規範性就減弱了，而各大學之間的市場異質性也就逐漸浮現。

在台灣數十年的戒嚴過程中，政府其實做了許多「不該是政府做的事」，例如衆多的國營事業、各級學校校長的集權擇聘、中小學教科書的單一版本、過多的法規管制等等。解嚴之後，當政府將這些「不該做」的事下放給民間做的時候，這絕不應該視爲授權，而應視爲「放權」，其理至明。觀諸全世界所有的知名大學（如哈佛、普林斯頓、柏克萊），不論公私立，其大學教授的升等都是由各大學「全權」決定，干「公權力」底事？

將市場觀念拿到學術機構的場域內，也能提供我們一些省思。許多學界的朋友，也許在哈佛沒拿到長聘，但普林斯頓卻給予長聘。也許在柏克萊沒能升等教授，卻由麻省理工學院提聘教授。已故中研院院士費景漢先生，當年在耶魯大學沒拿到長聘，但是「市場價值」卻受到肯定，另一名校康乃爾大學，立刻提聘為長聘之正教授。數年之後，耶魯大學發現自己當年犯了個嚴重的錯誤，乃由諾貝爾獎得主托賓（James Tobin）親自打電話給費院士，坦承他們當年的疏失，問費先生「你願意再回到耶魯嗎？」費先生欣然同意，遂被耶魯高薪聘回。

此外，某長春藤名校的某系曾經約有二十年的時間不給任何人長聘，助理教授任職六年一律被趕走。該校當時的策略，是以「挖角資深教授」取代「留任資淺教授」。這個「一律無條件解聘」的政策顯然不符合大法官「專業評審」的要求，不但沒有人埋怨、申訴，也從不影響該系的水準，原因就是：該校的校譽已然使他們佔據了學術市場的制高點，不必要在六年的短時間內匆促決定是否給予長聘，寧可等上十年，再將他校已然成熟的學者挖來該大學。

另一方面，被一流大學解聘的教授也不表示「工作權」喪失；相反的，有一大群次級學校等著要延聘一流大學解聘的人，這也是學術市場分級的體現。更普遍的情形是：許多大學系所是只在當事人「拿到他校聘約（offer）」的情況下，才積極讓當事人升等。面對這種情形，當事人往往要靠外在市場的肯定，去爭取自己系（所）內同仁的肯定，由此我們更能看出學術評審的「市場面」。

以上的討論告訴我們：一、任何一個時點的學術評審都是可能有誤差的。二、只要學術機構夠多，除非每一家學術機構都同時發生扭曲，否則一件個案在某校的少許誤差，並不見得會損害當事人的權益。三、即使一件個案在某個時點遭到評審的誤解，但長期而言，有反省能力的單位總是會設法彌補的。四、大學並不是「同質」的，某教授若不能在一所學校通過升等續聘，卻很可能獲得其他學校的聘約。故一校一地的解聘，其實未必與所謂「工作權」有什麼關係。五、系所的專業評審與外在市場評價其實是互補的；我們很難拋開市場評價而片面的討論專業評審的是非曲直。六、相關學術法規的設置目的，是爲了提升學術水準；但某單位學術水準究竟能否提升，絕不是靠個案在司法程序中的抗爭，而是要靠整體學術環境的規範。七、司法單位可以介入工作單位的歧視迫害或「哥白尼式」迫害，但不宜干擾學術運作的內部邏輯。

以上的看法並不是反對升等續聘的申訴，而是要設法辨明「申

訴補救」與「市場補救」之間的區別。前者應該適用於違反學術人權與基本人權的少數例外；至於無涉人權打壓的學術判斷誤差，則有賴於整體學術市場的互補與調整，慢慢地修正改進。如果學界同仁們有以上的了解，則學界的申訴案件也應該能慢慢減少。

談到這裡，再讓我們研讀一下大法官釋字第四六二號解釋文及其後續研討。有些學界朋友誤將大學內各院系（所）的教師聘審委員會，視為唯一的「專業審查」單位，不但忽略了學術市場的角色，似乎也沒有充分了解校內分級審查的實質意義。對於發展比較不理想的系所，美國大學的院長或副校長也偶有否決系所升等案，甚至有設置特別委員會取代系所聘審權力的例子。大學的副校長或專案委員會如果經過評估，認為系所提出的案件未具充分說服力，即會否決系所的升等案。系所與大學之間的關係，也與彼此的互信互動息息相關。若一個系所最近常提出品質不良的升等案，則該系所個案日後被校方否決的比率可能就會比較高。反之，一個佳評在外的系所，幾乎不需要多做解說即能在校內順利通過個案。因此，某系同仁升等之順遂與否，與該系以往的學術聲譽有關。這種現象，與「公司商譽有助於該公司商品之行銷」又有何不同?這不也反映了學術評審的市場面嗎？

總之，我們雖然能在教師資格審議的程序上多做改進，但徒法不足以自行，台灣學術界仍然需要做一些心態上的調整。一方面，我希望能改變以往將教授、研究員均視為一般公務員的心態，坦然接受外界的嚴格評審與可能的小幅誤差；另一方面，我也希望大家能漸漸建立起「學術市場」的觀念，了解各大學升等續聘的異質性。也正因為學術市場有異質性，才有「去除齊頭平等」、「追求學術卓越」的學界呼聲；這些都是學術市場概念的延伸。台灣的法制或許不能促成學術市場與學術分級，但至少應該要有足夠的彈性，容許學術界的自我調整與成長。老子說「天道無親，常與善人」；在學術市場中，我認爲這句話應該改爲「天道無親，常與努力投入之人」。學術市場裡雖然六親不認，偶然會發生判斷誤差，但中、長期而言，積極認眞的投入絕對還是有回報的。柴可夫斯基著名的第一號鋼琴協奏曲當年被首屆一指的鋼琴家多次嘲笑爲「無法彈奏」，但最後還是得到音樂界的肯定，成爲經典名曲。年輕朋友可以消極地感慨前述鋼琴家的愚鈍蒙昧，也可以積極地肯定音樂「市場」的慧眼灼見。要怎麼抉擇，其實僅在一念之間。

第九封信

既入，看學術界有哪些誘惑

在二〇〇五年，新回國的年輕助理教授起薪大約是七萬元。如果他（她）的配偶沒有在外做事，而家中有兩個小孩，則這七萬多的收入要養家是相當辛苦的。同年台灣的每人每年平均所得是四十三萬九千元，乘上四，表示四口之家平均年所得一百七十五萬六千元。這比助理教授一年一百萬左右的薪俸，可是多了許多。可見助理教授在台灣只能算是中產階級。就算此人熬了十年升到正教授，其月薪也不過十萬元，年入一百三十萬，衣食固然不愁，但若要因此像顏回那樣「不改其樂」，恐怕也不容易。

但是前述的七萬或十萬月薪只是正薪，還沒有包括「外快」。如果此人認眞投入學術研究，則有很大的機會得到國科會的研究計畫，主持人遂有主持費每月五千至兩萬元的補貼，不無小益。二〇〇五年國科會人文社會領域研究計畫申請案計有七千多件，通過率爲百分之四十五・一。因此，只要此人不是在學術界的後段班，得到補助的機率應該是不小。如果每月有兩萬元的補助再加上原本七至十萬元的薪水，待遇當然也算是不錯了。教授本薪與國科會的研究補助，一般而言都是學界可以接受的外快收入，除此之外，學術界朋友還有許多雜七雜八的誘惑，該不該碰沒有什麼法律規範，就得看個人定力了。以下，我們就一項一項加以檢視。

教授們機會最多的外快，就是國科會以外的研究計畫。這些計畫可能來自交通部、經建會、文建會等政府單位，或是台經院、中經院、某某文教基金會等財團法人，也可能來自商業銀行、藥廠、創投等大企業。他們爲了某些政策或經營目的，需要學者專業的研究分析，於是以研究計畫的名義外包委託。一般而言，政府單位的研究計畫比較寒酸，計畫主持人每個月大概只有兩萬元不到的津

貼；但是民間企業則彈性較大，計畫報酬可以低自萬元起，高至數百萬元。這些計畫有些是透過大學的會計系統而送到教授手中，有些則是與教授個人直接訂約。前者各大學還可以收一些管理費，後者則大學完全抽不到油水，收入悉數進入教師口袋。

什麼樣的教授會拿到政府或企業的研究計畫呢？一般說來，除了專業能力之外，這也與教授的人面與人脈有關。年輕新進人員人面不熟，也還沒有什麼學術聲望，不會有人找你做計畫。但是如果你的系裡有人脈廣布的資深教授，擔任許多大計畫的「中盤商」或「大盤商」，則他就有可能把你網羅在旗下，分派一個小計畫給你；久而久之，待你羽翼成熟，便可自立門戶了，這位資深教授或許也更上層樓。於是他與你之間始終維持著如此「和諧」的互動，將來時機成熟，你說不定也就自然篡位，取而代之成爲研究計畫的大盤或中盤。

大致說來，對年輕教授而言，接政府或企業研究計畫的誘惑是最強的，原因有二：第一，它與學術研究並沒有眞正脫節，其所分析的現象，往往是交通動線需求、全民健保財務、銀行壞帳來源、WTO對台灣產業的衝擊、綠色國民所得帳的計算、南台灣古蹟保存等。這些計畫的內涵往往是學術研究工作的下游應用，而不是涉及知識創新本身。每個研究計畫固然可能在執行與觀察中得到創新的靈感，進而發掘出眞正創新的研究題材，但這一類的事例在台灣極少，幾乎只能當「例外」來看。

國外有沒有類似教授接計畫的情況呢？有的。美國司法部曾經有幾件涉及知名大企業的案例，一是訴訟知名電腦廠商IBM涉嫌違反該國的反托拉斯法（Antitrust law），二是訴訟貝爾電話公司違反該法，三是在二十世紀末對微軟公司提出同樣的控訴。這一類反托拉斯案能否成立，涉及廠商產品的定義爲何、多種產品之間是否有行銷的關聯、定價的行爲是否合乎經濟法則、市場的競爭是否受到干擾、消費者的權益是否會降低等等專業計算。於是在每次訴訟中，正反雙方都各自尋找一大群經濟學者，找種種學術理由爲自己做證。由於判決結果影響的利益可能有上百億美元，因此廠商花錢也不手軟。在這幾件案例中，經濟學家有些人發了財，也有些人從經手的案例中寫出幾篇不錯的學術論文。

另外一門經常吸引學者大量投入的領域則是法律。愛克森（Exxon）石油公司一九八九年北海漏油案，肇因於該公司油輪在北海觸礁，造成原油外洩而影響生態。在訴訟中，將生態回復原狀的費用估算是一回事，要不要對愛克森課予懲罰性賠款（punitive damages）是另一回事。就回復生態原狀而言，其估算十分複雜。多少野鳥、多少魚群、多少遊客等等，其設算的數字略作改變，結果就有天壤之別。就懲罰性賠款而言，一般對於執行疏失的自然人課予懲罰較無爭議，但對於公司這樣的「法人」課予懲罰，其意義則有些模糊。懲罰公司是不是處罰無辜的股東呢？企業經理會因此而更加謹愼嗎？在此案中，正反雙方都聘請了一些美國名校的法學與環境生態學教授助陣。當然，知名教授經此一案也是狠賺了一筆，而其中若干人也因此而撰寫了幾篇學術論文。但是整體而言，這些應用性研究計畫而產生的學術創新，只是點綴性質。

一般而言，國科會的研究計畫學術性較高，但企業的研究計畫則著重應用。對於教授參與學術性不高、應用性極強的研究計畫，我們該用什麼態度看待呢？這個問題沒有標準答案，得看個人的目標志向而定。如果你對學術研究、知識創新的自我期許極強，那麼最好避免參與這些計畫。如前所述，這一類研究眞正能夠產出亮麗研究成果的機率極小，對於學術創新確實會產生「分神」的影響。但是如果你在個性上原本就較具現實親和（empirical attachment）傾向，覺得把知識應用到各個社會面向是一種成就，那麼犧牲些許研究創新的時間去參與計畫亦無不可。然而這樣的參與有一個前提：千萬不可與教學研究的本業本末倒置。身爲教授，我們有義務不斷的接觸吸收專業領域內的新知識，也有義務對學生傳授這些新知識。如果我們對於外在研究計畫的參與，忙到影響我們閱讀期刊、參與研討會、撰寫論文，則就是本末倒置了。每一個參與外來研究計畫的人，必須要檢視自己的時間分配，問問自己究竟是「專職教授兼差做計畫」，抑或「計畫中盤商兼差做教學研究」。如果是前者，可以接受；如果是後者，那就是尸位素餐，對不起學校也對不起學生，年輕學者千萬不要走到這步田地。

用個例子說明，更能釐清教授接應用性研究計畫的分際。教授做學術研究，就像是聲樂家唱藝術歌曲一樣；而應用性研究計畫，則像是聲樂家唱流行歌曲。世界首席男高音多明哥（P. Domingo）到五十幾歲才灌第一張抒情流行歌曲唱片；在此之前，他都是唱歌劇等藝術歌曲。歌劇不好唱、難度高，但是有助於歌唱功力的提升。流行抒情曲容易唱、銷路好，但對歌藝功力的提升幫助不大。多明哥一生，大概百分之八十的時間在唱藝術歌曲，百分之二十的時間唱流行歌曲，我認爲這是個理想的比率。越是年長，唱流行曲的比率可以略微提升，而年輕有潛力的聲樂家則不適合太早去唱流行曲。在初入學術生涯的前十五年，奉勸你最好是苦蹲寒窯，實實

在在的奠定自己的學術根基。

當然，應用型的研究計畫並不是每個領域都有的。在大學中，中文系、哲學系大概很難有機會參與什麼外包計畫，因爲社會沒有這一方面的需求。數學系裡做理論研究的，也鮮少有研究計畫會找上門。大部分應用性的研究計畫，都集中在管理學院、經濟系、法律系等領域。某個科系教授外務太多，難免會引起其他系同僚的敵視。在大學裡，如何面對這樣的可能敵視，也是年輕人事前需要想清楚的。

教授與研究員的另一項誘惑，則是擔任某某公司的專業顧問、某企業的董事或監察人、某大學的兼任教師等等。這一類的工作往往需要每月或每週若干小時的投入。一般而言，各大學都訂有兼職的時數限制，雖然看起來是「君子協定」，校方眞正執行查核的機率甚低，但是這些限制確實是維持教授專心投入本業所必要。如果你因為種種理由超越了這樣的時數限制，也許就該面臨一個選擇，究竟要不要辭去本職。許多人也許會掰出許多不得已的情境以為解釋，但是這裡牽涉的問題，是通案的專業倫理，而不是個案的特殊背景。

台灣早年學術界的許多教授在參與外務久了以後，就由量變轉為質變。先是逐案接政府研究計畫，久而久之政府業務熟了、官僚體系的運作通了、政府高層的關係好了，就借調至公務機關任職，逐漸踏入仕途。過去數十年政府官員或企業主管之中，來自學界而為大家耳熟能詳的包括梁國樹、郭婉容、孫震、邱正雄、薛琦、陳博志、陳師孟、許嘉棟、吳忠吉、林全、林華德、李庸三、胡勝正、吳榮義、張榮豐、朱雲鵬、林忠正、林向愷、施俊吉。以上姓

名，皆出自台大經濟系教職員名錄。如果翻到台大法律系，則歷屆大法官與相關法律機關的官位，幾乎由該系專兼任教師佔去了過半的名額，包括翁岳生、馬漢寶、王澤鑑、施啓揚、戴東雄、柯澤東、林子儀、李鴻禧、廖義男、黃宗樂、許宗力、葉俊榮、羅昌發等人。至於與台大政治系有關的，則有連戰、錢復、吳庚、李鍾桂、丁守中、魏鏞、許慶復、蔡政文等人。

大體而言，學術界出任政府官員的，當以政、法、經三個領域爲最多，當然其他領域也有不可小覷者。例如李登輝出自台大農經系，台大醫學院進駐衛生醫藥領域，王志剛、高孔廉、黃俊英出自企管領域；但這些畢竟只是少數。法、政、經三大社會科學領域，絕對還是學者從政最大宗的所在。

學者從政好不好呢?該不該這樣發展呢?這個問題很複雜，要分以下幾點來觀察：

一、先看看國外的情況。美國一流大學有沒有學者從政的例子呢？有一些。哈佛大學教授桑默斯（Larry Summers）任美國財政部長後接任哈佛大學校長；哈佛的費爾斯坦（Martin Feldstein）教授任美國總統首席經濟顧問三年後回校任教；柏克萊法學院魯賓費爾（Daniel Rubinfeld）任司法部助理部長三年後回任該校教授；史丹福大學史提格里茲任世界銀行總裁若干年後，轉至哥倫比亞大學任教，隨即獲頒諾貝爾經濟獎。可見學者從政在美國一流大學，也是偶有其例。

二、但是你如果去看看這些教授的個人網頁就會發現，他們在出去任官之前，都是紮紮實實作了至少二十幾年責命的研究，著作等身、學術聲望崇隆，才會換跑道的。反觀國內教師，有不少是本業從不認眞投入、學術完全沒有像樣的成績、打從進學術界第一天起就對官場的花花世界望穿秋水。甚至有些人進學術界根本就只是把「教授」或「研究員」這個職位當跳板，那就很糟糕了。孔子確實說過「學而優則仕」，但是有幾人敢說自己達到「優」這個字的二分之一，甚至十分之一？宋儒程伊川認爲，學仕之分際，應該是「士脩其學，學至而君求之，皆非有預於己也」。年輕人只要主觀上心中有「預」字、客觀上還稱不上是「學至」，就該收斂起自己外出做官的心情。

三、美國許多一流大學對於教授借調任外職，都有最多一次三年的限制，不可能延長，也不可能重複多次。相對而言，台灣這一方面的約束則甚爲寬鬆。有些大學規定，教授借調歸建之後只要任滿三年，又可以借調，這是值得商榷的。做任何行政職務，一定都

會比教職浪費時間，客觀上也幾乎不太容許繼續從事研究活動。因此，做官必定會傷害教學研究之進行，自不待言。一位教授或研究員外出做官三年不接觸國內外學術期刊，我可以勉強接受；若是五、六年不接觸尖端的學術著作，我認爲就應該要辭去教職。

四、任何一個科系，都不應該有大比率的教授經常性地借調任其他官職；這種情形不但影響系裡的教學，也不利學術研究的風氣。如前所述，教授去官場走一遭絕對會影響教學研究，而一個系如果有高比率的教師如此投入於外部事務，是非常糟糕的。當然，這樣的發展也與台灣的特殊政治生態有關。我們的政府喜歡找學者任官，政務官中有一大群都擁有博士學位，比率之高恐怕居全世界之冠。這種病態結構恐怕也不利於學術環境的清淨發展。

除了外務與官位之外，學術界還有一種誘惑，就是「閒散」。

教授接計畫、任顧問，多少是爲了待遇的增加；做政府官位，則往往也是因爲性向上樂於參與公共事務。但是研究計畫畢竟不多，官職更是有限，他們只能對一部分教授產生影響。對於多數其他教授而言，他們認眞投入教學研究的壓力就只有自己。這種自我驅策的壓力多少是與環境有關的。

前文提過，美國新進教師六年後會提送長聘評審，通過之後則升等爲具有長聘資格的副教授。一般而言，許多副教授在六年之內會再提升等，如果成功則晉升爲正教授。助升副或副升正的級位調整，當然牽涉到薪水調整，但即使在副教授、正教授之中，每個人的薪水也有天壤之別，彼此之間差異可以大到三倍。此外，國外不但用長聘、升等去刺激教師賣命投入研究，有些時候，某教授如果研究成果優異但系上卻吝於給予加薪，該教授極可能對其他單位提出申請，再以對方的薪資條件，反過來要求本系加薪。因此，他們彈性的薪水與競爭的學術市場，也讓每個人的待遇充分反應其學術成就，形成刺激學術投入的誘因。

反觀台灣，情況則截然不同，目前各大學雖然訂有種種獎勵研究的講座教師辦法，但是都有些半吊子，許多都只有三年的期效，期滿之後還要「再評估」，語意上表示薪水隨時可以再降下來；這與國外薪水調整的穩定性，有相當的差別。此外，講座教授的名額總是不多，它所能激發的誘因，當然也是有限的。在這種情況下，對絕大多數年輕人而言，要不要努力投入教學研究，其實是良心問題；制度能扮演的角色很小。每當我們說「教育是良心事業」的時候，也許我們都在擔心：目前有些教育工作者恐怕沒那麼對得起良心。

怎麼辦呢?我該召喚你的良心去投入教學研究嗎?這樣做恐怕效果有限。與其對於已然投入教學研究者召喚其良心，我認爲不如對尚未投入或剛剛才投入這份工作的人，呼籲他們自我檢視其性向。我一再說，投入知識探索工作是一件寂寞的事；它的痛苦外人難以得知，它的喜悅外人難以分享。年輕學子一旦投入人文社會的知識追尋，所承諾的就應該是三十年心無旁鶩的青春。不是爲了長聘、不爲升等、不爲加薪、不爲研究計畫，更不是爲了做官。所有這些外在誘惑，對自己而言都是可遇不可求，是「學至」而自然成就，「非有預於己也」。

台大數學系的黃武雄教授，十幾年前寫過一篇「學仕本殊途」的文章，確是佳言。爲學是一個坎坷、寂寞、「自我追尋」事理的致知過程；而從政則是一個在長官、部屬、政敵環伺的環境中，

「尋求共和」的過程。兩者南轅北轍，恐怕是難以兩全。學界中人可以轉換跑道，但不可以腳踏兩條船，或是人在甲船心繫乙船。對年輕學者而言，抵抗誘惑最好的方法，就是在上船之前，先弄清自己會不會暈船。防微方能杜漸，亡羊補牢終究是晚了。接下來的最後一封信，就是要讀者自己做性向測驗。

第十封信

未入，先弄清楚自己的性向

在二〇〇〇年至二〇〇六年間，內閣部會首長更動極爲迅速，尤其以財經部會爲甚。以財政部長爲例，六年之間歷經許嘉棟、顏慶章、李庸三、林全、呂桔誠、何志欽六人，其中林全做了三年二個月，最短的是許嘉棟，僅四個多月。何志欽二〇〇六年七月才上任，任期多久還不知道。在所有財經部會首長當中，任期最短的當屬宗才怡，僅四十八天。她當時向媒體發了一份新聞稿，說自己是隻「誤入叢林的小白兔」，當了經濟部長才發現自己完全罩不住。小白兔一旦既入叢林，就只能勇敢面對一個個挑戰或誘惑，看看自己能不能全身而退；這是上一封信的主旨。但是追根究柢，每個人在進退之際，都該先掂掂自己的分量，觀察前面的地形。若自忖是白兔之身，前有叢林之勢，就不要傻乎乎的闖進去。你知道小白兔誤闖叢林的下場通常是什麼嗎？

這最後一封信的目的，就是專門寫給將入未入叢林的人讀的；這些人可能是高中生、大學生，或是剛拿到博士學位的菜鳥助理教授。知識探索對某些人而言是桃花源、是香格里拉，但是對其他人而言，卻可能是險惡的斷崖、湍急的溪口。這條路闖進去究竟是什麼情境，因人而異，但是你又希望事前能有些訊息，不希望事後才有「早知如此，何必當初」之歎，怎麼辦呢？聯經出版公司擔心社會各個領域的白兔氾濫，就請不同領域的專家爲那些徬徨的年輕人寫信，而我的任務，就是要爲知識探索的潛在投入者，寫十份「叢林說明」。在前面的九封信當中，我解說了知識探索的定位、領域內的競爭規則、如何尋找知識探索的課題、如何走向國際學術界、叢林裡有什麼誘惑與陷阱、作品的評審與檢驗等等。有了這些背景知識，年輕朋友大概對於從事知識探索研究的客觀環境有些了解了；接下來，則該對自己做些性向的主觀檢視，看看自己適不適合走進知識探索的叢林。用白話文說，就是照照鏡子，問自己「我屬兔嗎？我白嗎？我是白兔嗎？」

就個性而言，什麼樣的人適合走進知識探索研究這條路呢？我們前頭說過：人文著重個人敏銳的觀察與詮釋，科學著重一般性的規則與推理，社會科學則既有人文的背景觀察，又講究科學的邏輯推理。就人文觀察與通識教育而言，我們希望年輕人能夠「不住相讀書」，長時間不計目的的吸收廣闊的知識，像是嬰兒學語言一樣，久而久之自然水到渠成。就科學推理，則是前一步到後一步之間的「邏輯連貫」，講究推理論述的嚴密無瑕，卻不計較旁支無關的細節。我這樣講，你大概覺得有些空洞；也許你該去做一次性向測驗。但是我再跟你講一兩個自己的小故事，你大概就能體會理解我說「不住相讀書」與「邏輯連貫」的意義了。

我有一股奇怪的傻勁，做什麼事情都豁出去。大二的時候，我家就在台大男生十六宿舍附近。有一些住宿舍的同學很無聊，說要去新公園看看人家打太極拳。於是我們每天早上六點多，就從台大法學院跑步到新公園，去看人家打拳。後來隨便挑了一位師傅，大家就隨便跟他學拳、鬼混，也不知道在學什麼東西；心想，就算當成早起做體操，也不是壞事。

太極拳爲什麼大部分都是老人家打呢？你很少看到高中生、大學生在打太極拳吧？其實太極拳對身體是很有幫助的。老人家身體不好，他們去打太極拳，很容易就感受到打拳對身體的幫助；手少陽經、足太陰經等等奇經八脈好像都打通了。我們年輕人十九、二十歲，個個身體都很好，沒有人有關節炎、風濕等等，奇經八脈從來就沒有真正堵塞過，所以沒有非要學「單邊下勢」、「金雞獨立」才能夠身體好的道理。因此年輕人學太極拳不太容易感受到它的好處。此外，太極拳又溫吞吞的，東一個西瓜，西一個西瓜，外人看起來蠢蠢的，所以我的大學同學最多打了兩、三個月到半年之後，就統統都不打了。只有我那一股傻勁，一打就打了三十二年。

太極拳是很奇怪的東西，你不進入狀況，就不知道它有什麼好處，而進入狀況所需的時間卻是極長。比如說你看到人家在新公園推手，你去推推看！推手一開始像傻子一樣，在那邊晃啊晃、動啊動，你根本不知道推手是在幹什麼。等到你自己去做推手同樣的動作，從首次推手到真正知道有些感覺，大概要半年的時間。推手就是在接觸，接觸的目的就是要聽勁，聽勁的訣竅就是要放鬆。放鬆了以後，對方任何動線你都能掌握（聽）得到。這就是聽勁，但是差不多要半年才能進入狀況。聽勁有什麼用呢？在對打臨敵的時候，你就是靠聽勁去偵測對手的動作，偵測之後就預作反制，武俠小說上稱之爲「後發先至」。你若不曾推手，就難以想像後發何以能先至；但是只要與太極拳高手切磋幾次，每次都被對方制敵機先，你慢慢就知道個中精髓了。

絕大多數的人，沒有人願意要當半年的傻子，每天呆呆的在那邊混，事前也不知道混了半年以後是否一定有感覺。但是我的基因裡面有一條筋斷掉了，才會在這種沒有預期結果的情況下，要我學推手，我就學推手。打太極拳打了三十二年，到現在還天天打，頗具功力。能鬼混還能混三十二年，若不是靠傻勁，那是靠什麼？

許多人念到博士學位之後，大概就不太吸收學校的知識了，偶爾只會看看雜書。但是我似乎有讀知識書籍的怪僻。兒子是念化學

的，因爲可能會走生化路線，所以買了不少科普的書。我也就跟著讀，幾年下來也就看了數十本之多。女兒是念中國文學的，去年我也心血來潮，跟著她去上了一年中文系的易經，順便看看有沒有兔崽子在追她。你說經濟學系讀易經有個鬼用？沒錯，大概是沒什麼用。但是爲什麼讀書是爲了有用？坦白說，誰又敢確定讀一個看似不相干的書籍，將來一定是有用或沒用？

另一個自己「不住相拚命」的例子，則是搬家。我一九八五年自美返國，先在南港租房子住，然後搬到對面另一幢公寓；五年後配到台大宿舍，遂又搬家至溫州街；二〇〇〇年任中央研究院副院長，又遷至南港；三年多之後卸任，乃搬至現在住的新居。二十年間，搬家七次，不可謂少。老婆平時算是勤快之人，但每逢搬家，看到雜亂無章的物品、大箱小盆的器皿，老婆就會頭痛不知從何著手，經常委頓在地，形同放棄。我的個性則截然不同；我很少去計算總共有多少物品，還有多少房間沒有清；我只是一件件的收、一箱箱的封，不計成果的裝箱就是了。但是像我這樣悶頭去做，其實半天一天也就做完了。許多事如果眞去規劃、預習、準備、演練，反而好幾天也弄不出什麼名堂。

以上的兩種個性，我認爲是適合人文與通識知識吸收的。你有沒有類似的性向呢？不見得是相同經驗、不見得是打拳或搬家，你如果也發現自己有那種不計較立即得失而專注投入的傻勁，那可能也適合投入人文知識的吸收。這樣的傻勁在做人處事的其他面向，倒未必是個優點；但是對廣泛知識的攝取吸收而言，卻是利多於弊。

至於什麼樣的個性適合作社會科學知識的演繹推理呢？我認爲

就是把許多不相干的事情忘掉，專注於眼前的推理。以下再舉一兩個例子，讀者大概就明白了。

像余英時先生，記性一定很好，三、五千則文獻，統統在他腦袋裡面；想寫書的時候，則文獻典故一一浮現，所謂「文思泉湧」是也。但是我的記性實在很不好，事情忘得很快。小事如開車走過的路線、老婆交代的任務，大事如遭損友小人算計的事情，也經常忘得一乾二淨。反倒是老婆提醒我「當年此人種種，如今你怎麼毫無芥蒂，不加設防？」我才依稀想起一、二。

知識忘得很快有一個好處，就是沒有包袱；沒有包袱就比較能夠專心投入於眼前的特定題材。念大二的時候，我們同班在修初等統計學，有位助教不知道爲什麼想栽培我，就叫我去修高等統計學，要我高統、初統一起修；這顯然是不合邏輯的建議。但是我傻乎乎的，就聽話去修高等統計學。很多人會以爲高等統計學不是要有初等統計學的基礎才能修嗎？我就告訴我自己，「假設」我都懂了初統，就接下去修高統吧！我去檢查眼睛，視力檢查人員問我：「那個符號清不清楚？」他不是問我缺口朝哪裡，而是問我「清不清楚」。我說：「定義它清楚，它就清楚。」這就是我所謂的沒有包袱。你要我定義它清楚，它就清楚；你說高等統計學有些重要的基礎，只要告訴我那些基礎是什麼，把它念幾遍，知道它是基礎就好了。我不用知道它的細節，也不去追究它的背景、緣由、關聯等等。

這樣子的思考方法，當然會有它的壞處，但有時候也有它的好處。我們的記憶都有限，我們把腦部記憶層切開來，就比余英時先生少了很多層，沒辦法跟他比。正因爲我的記憶有限，所以我不亂記東西是挺好的事情，尤其是別人要對付我，然後我能把它忘掉，眞的是很愉快的事情。

前文也提到，投入任何一個學門的知識探索，是非常寂寞的。你看魏爾斯，夠寂寞了吧！一個人獨自摸索一個數學難題，全世界沒幾個人看得懂。而即使眞有人懂，魏爾斯還不敢與他們分享，以免成果被人偷走了。魏氏自己說，他的數學演算非常需要同儕的檢查，但有此專業能力且又值得信任的，只有他普林斯頓的一位同事。前前後後大約十年的時間，魏氏在工作上就只有一個可以談論溝通的對象。各位想想，這生活像不像單線臥底的「長江一號」情報員？像不像在深山閉關的出家人？這就是我所說的寂寞！

自然與生命科學由於研究的過程可以分工，參與研究的通常是一組同僚，彼此總是能做些溝通；魏爾斯的情況恐怕是極少數的例外。但人文社會的知識探索較難分工，所以研究者常是單兵作戰，相對而言更是容易寂寞。無論如何，在踏上知識探索之路前，請先問問自己：我喜歡一個人在腦子裡想問題嗎？當工作的喜悅或苦悶不太能與他人分享時，我能耐得住寂寞嗎？

從事知識探索還需要一項個性特質，就是接受挫折、要有越挫越勇的鬥志。做研究很可能做不出結果、做出不理想的結果、做出結果被別人發現錯誤，或是做出結果但別人認爲不重要。前述每一項，都是常見的挫折。魏爾斯爲了解佛馬定理，二十幾年來不知道走了多少冤枉路，嚴格說來是挫折了二十多年。更不幸的是，魏氏在劍橋開記者會證明佛馬定理，而紐約時報也刊出新聞稿，事後卻被人發現其證明有部分錯誤。各位想想，你若是拚了二十幾年、證明檢查又檢查了數十遍，原本以爲萬無一失才大張旗鼓開記者會的，卻在最後那一剎那被發現錯誤，你會不挫折嗎？所幸，魏氏又花了兩年時間，把那個證明錯誤給修正了，還算是畫了個圓滿的句點。如果你我沒這麼幸運，你能承受這樣的打擊嗎？你能再接再厲的繼續工作嗎？

當然，如果堅毅的熬下去，做出好的研究成果，當然會得到學術社群的肯定；這些肯定大則像是克拉克獎，小則如國科會的甲種研究獎。這些大大小小的勳章，多少有助於調劑枯燥的學術步調。如果知識探索的過程視爲撰寫一篇文章，則大小勳章都是文章中的「逗點」；文章沒有逗點必然乾澀，但是逗點本身卻也不可喧賓奪主，成爲文章的主體。知識探索的歷程，就是這樣「期待勳章的肯定」，卻又要提醒自己「不要被勳章所迷惑」的矛盾。但是你一定要有心理準備：得到勳章的喜悅背後，總是有十倍的辛酸代價。我每次整理抽屜，翻出十幾張獎狀獎牌，卻無可避免地再次瞥見那一百多封的退稿信。這就是你要面對的知識探索歷程。

現在，我可以爲有志於知識探索的年輕人，做個性向測驗的總整理了。就通識背景的知識醞釀與構思而言，你需要長期的不住相讀書，吸收廣泛的人文社會、自然生命科學的知識，幫助自己孕育新穎的、別出心裁的思考方向。在找到新穎有趣的方向之後，就是兵分兩路的時候了。對於科學而言，你必須要對特定的題材定下心，鍥而不捨地做演繹、推理、思考，並以細緻的邏輯貫穿其中。對於人文而言，其知識探索就更爲「自然」、更遵循「無爲法」，幾乎是以研習者個人的感性體會，去貫穿散布於腦中的諸多記憶點。至於社會科學，則是恰處於人文與科學之間。社會文化的觀察複雜且多元；如果我們腦袋裡盡是諸子百家的龐雜言語，就根本不

可能尋找出一條清晰明朗的思路。唯有放下那些雜亂的思緒，才可能抽離出一個可以推演的架構，據之以演繹發揮。人文學者很可能記性遠勝於科學家，但是科學家上截下斷的抽象思考能力，恐怕又優於人文學者。要做社會科學研究者，就得允執厥中，同時具備敏銳多元的社會觀察，也能夠在抽象的架構中做片段的思考。

有了豐富的構思素材與嚴謹的推理能力，接下來你還得以堅強的毅力，走過種種知識探索的挫折與寂寞。在探索的過程中，「不如意者十之八九」，其中辛酸外人難以體會。即使有一、二成的成功，外人也只能了解「勳章」肯定的光環，不見得能與你分享知識的喜悅。你的工作就是這樣的寂寞！如果你耐不住，外頭可是有成千上萬種誘惑等你上鉤，要如何抉擇沒有什麼絕對的好壞，都在你一念之間。

易經六十四卦的最後兩卦，一爲既濟，一爲未濟。既濟表示事功已畢，尤戒荒逸怠惰之「止」心；在第九封信，我以此告誡已經踏入研究領域，而面臨種種誘惑的年輕人。未濟表示將度未度，切忌冒失，應該要辨物居方；我以此告誡在叢林入口處徘徊的未入之人。這樣的比喻未必契合易經的本意，但是對年輕人而言，應該是受用的。

叢林的貌相已如前所述，深澗斷崖遍布各個角落。在入口處，有人立了一個警告牌「小心，熊出沒」。你準備好了嗎？你是白兔嗎？

給青年人的信

給青年知識追求者的信

2006年11月初版　　定價：新臺幣240元
2016年4月初版第七刷

著　者　朱敬一
總編輯　胡金倫
總經理　羅國俊
發行人　林載爵

叢書主編　陳英哲
校　對　吳淑芳
封面設計　翁國鈞

出版者　聯經出版事業股份有限公司
地址　台北市基隆路一段180號4樓
台北聯經書房　台北市新生南路三段94號
電話　(02)23620308
台中分公司　台中市北區崇德路一段198號
暨門市電話　(04)22312023
郵政劃撥帳戶第0100559-3號
郵撥電話　(02)23620308
印刷者　世和印製企業有限公司
總經銷　聯合發行股份有限公司
發行所　新北市新店區寶橋路235巷6弄6號2F
電話　(02)29178022

行政院新聞局出版事業登記證局版臺業字第0130號

本書如有缺頁，破損，倒裝請寄回台北聯經書房更換。　ISBN　978-957-08-3078-1 (精裝)
聯經網址 http://www.linkingbooks.com.tw
電子信箱 e-mail:linking@udngroup.com

國家圖書館出版品預行編目資料

給青年知識追求者的信 / 朱敬一著 .
--初版 . --臺北市：聯經，2006年
232面；13×19公分 .（給青年人的信）
ISBN　978-957-08-3078-1（精裝）
[2016年4月初版第七刷]

1.學術研究　2.高等教育

525.1　　95020886